# Korean Fusion Cuisine

## 한국퓨전요리

이우철

지식인

**한국퓨전요리**

2020년 4월 25일 초판 1쇄 인쇄
2020년 4월 30일 초판 1쇄 발행

지은이 | 이우철
펴낸이 | 김종욱·명사동
펴낸곳 | 지식인
등 록 | 제301-2013-134호
주 소 | 서울시 도봉구 도봉로 180길 20 투웨니퍼스트 102동 602호
전 화 | 02)2266-8606 (대)
팩 스 | 02)2266-8607
이메일 | jisikin2013@naver.com
홈페이지 | www.jisikinbook.co.kr

ISBN 979-11-88105-58-8 (93590)

값 26,000원

# 한국퓨전요리

음식문화는 그 나라 사람들의 기호적 취향보다 지리적, 지형적, 기후적, 생태학적 조건에 따라 결정되고 발전하며, 특정한 사건 등에 의해 일시적인 변화를 겪으면서 융합되어 나아갑니다.

한국은 계절의 뚜렷한 차이와 지리적 위치에 따라 각 지방마다 농 · 임 · 축산식품이 다양하게 생산되었으며, 겨울의 추운날씨로 김장이라는 월동준비 문화가 있고, 여름에는 비가 많이 내리고 장마철이 있어 장아찌를 만들어 여름을 대비하는 등 지역적 특성을 갖춘 음식들이 고루 발달하였습니다.

사람은 음식에 포함된 다양한 성분을 조화롭게 섭취하면 몸이 건강해집니다. 특히 우리의 한식은 사람 몸에 이롭고 유용하며 다양한 성분을 함유한 정말로 훌륭한 세계적인 식품입니다. 발효식품인 김치류, 맛과 영양이 우수한 불고기와 당면, 그리고 육류와 채소류를 함께 섭취하는 쌈류 등 이루 헤아릴 수 없을 만큼 많은 종류의 건강하고 맛있는 음식들이 한식입니다.

특히 세계화 · 국제화가 진행되고 인터넷의 발달로 인해 한식이 외국인들에게 소개되어 그 맛과 영양적인 면에서 우수성을 인정받으면서 무엇보다도 건강식으로 인식되고 있는 이때에, 우리의 한식도 이제 관광객의 다양한 욕구와 필요에 부합할 수 있도록 질적 수준의 제고와 욕구세분화의 전략 및 관광 상품화 전략이 절실히 요청되고 있습니다.

이제 우리도 문화교류의 첫 발자국이 음식문화 관광으로부터 시작된다는 점을 간과하지 않고, 영양학적으로 그 우수성이 인정되고 웰빙푸드로서 세계적으로 인정받고 있는 우리의 한식을 해외에 전파함으로써 한국의 음식문화를 외국인들에게 경험하게 하고 우리문화의 고객이 되도록 해야 할 것입니다.

최근 정부에서 활발히 추진하고 있는 한식세계화 정책에 맞추어 선정된 한식 특성화대학교에서 한식에 대한 인재양성을 하고 있는데, 다양한 요리를 공부하는 관련 전공학생과 맛있고 간결한 메뉴를 선호하는 미식 애호가, 외식업 창업을 계획하는 분들에게 이 책이 작은 보탬이 되기를 바라는 마음 간절합니다.

## 제1부 이론편
## 퓨전한식의 기초

## 제2부 실기편
## 한국퓨전요리의 실제와 응용

K
O
R
E
A
N

F
O
O
D

# 제1부 이론편

# 퓨전한식의 기초

# 한국음식의 기본

## 1. 한국음식의 유래와 문화

### 1) 한국음식의 유래

한국인은 나물반찬보다는 고기반찬을 더 좋은 반찬으로 여겨왔다. 그러나 육식과 채식을 곁들여 먹는 것이 바람직하고, 여러 가지 식품을 골고루 배합하여 소금의 간이 너무 세지 않게, 지나치게 달지 않게 하는 것이 이상적인 음식이 된다. 최근 한국음식에 대해 외국인들이 이상적인 음식이라 칭찬하고 있는데, 특히 양념이 특이하고 영양상으로 비타민 섭취를 용이하게 할 수 있는 '김치'를 한국을 대표하는 음식이라고 말하고 있다.

인간의 식생활이 생식에서 숙식으로 변하면서 조리기술도 점점 발달하였다. 이 조리기술의 발달은 생활 문화의 발달과 함께 해 왔다. 음식은 식량이나 식품을 가지고 조리한 것을 의미하고, 기술은 식품을 자르는 법과 익히는 법을 의미한다. 이 조리의 발달 과정을 살펴보면, 야만 초기에는 불의 사용을 모르고 생식만 하다가, 이동생활을 시작하면서 불을 중히 여겨 굽는 방법을 터득하였다.

미개기부터는 농업과 목축을 시작하면서 음식을 끓이고 곡식도 저장하였고, 점점 술을 담고 소금을 얻으면서 토기, 도자기, 금속 등의 그릇이 생겼고, 이 그릇이 생김으로써 공동취사를 하게 되어 끓이는 법이 발달하였고, 부족사회가 형성되면서 새로운 조리법들이 생기기 시작하였다. 이후 문명기인 삼국, 고려, 조선시대로 내려오면서 이웃 나라인 당, 원, 청의 풍습을 받아들여 우리 기호에 맞는 음식법이 확립되었다. 조리법 중에는 기름을 쓰는 음식이 생겨났고 볶는 법, 지지는 법, 튀김법 등이 다양하게 발달해 왔다. 근대에는 사회가 공업화되고 생산기구가 늘게 됨으로써 가정 위주의 음식에서 단체급식으로 바뀌고 있다.

### 2) 한국음식의 문화

#### (1) 한국의 지리적 특징

식문화에 영향을 끼치는 자연조건으로 고려되어야 하는 것은 지형과 기후, 토양이다. 한국은 유라시아 대륙의 동북부에 위치한 반도국가로 지리적으로 동쪽, 서쪽과 남쪽 삼면이 바다로 둘러싸여 있고, 북쪽으로는 육로로 중국, 러시아 등의 대륙과 연결되어 있다. 북위 33~43도의 북반부 중위도에 위치하고, 경도 124~132도 사이에 위치하고 있다.

한국의 지형은 산지가 70% 정도로 평지보다 많으며 북쪽에는 개마공원이 있고, 남쪽으로는 낭림산맥이 있으며 동해쪽에 태백산맥이 남북으로 길게 뻗어 있다. 그 사이사이에 예성강, 대동강, 한강, 금강, 낙동강을 중심으로 평야가 형성되어 있다. 논농사의 주종을 이루고 있는 벼는 우리나라의 기후 풍토에 알맞은 작물이어서 벼농사가 들어온 이후로 오늘까지 농업생활을 영위하게 한 주요 작물이고, 일부 한랭한 고장이나 산간지역에서는 기장, 조, 보리와 같은 잡곡도 재배하였다.

기후는 한대성 기후와 온대성 기후의 이중적 성격을 지니고, 여름에는 30도를 웃도는 고온다습한 날씨가 계속되다가 겨울에는 영하 10℃ 이하의 한랭건조한 날씨를 보여 사계절의 차이가 뚜렷하기 때문에 제철의 산출식품을 건조법, 염장법 등으로 저장하는 저장법이 발달했으며 이로 인해 김치, 장류, 젓갈 같은 발효식품이 발달하였다. 또한 우리나라에는 많은 명절이 있고 계절이 뚜렷하여 절식과 시식이 발달되어 있다.

이러한 절식과 시식은 명절이나 계절음식이라고는 하지만, 모두 일상적인 식단에다 명절이나 계절의 색채를 덧붙이는 음식을 만들어 먹는 방법으로 발달되어 왔다. 이는 이웃이나 친척들을 초대하여 함께 즐기며 부엌일과 떡, 술 등을 나누는 상부상조의 풍속으로 발전되어 왔으며, 우리의 음식문화와 함께 아름다운 전통을 이루는 바탕이 되었다.

### ⑵ 농경생활의 정착(삼한시대 및 삼국시대)

철기문화의 영향으로 돌로 만든 농기구 대신 철로 만들어진 농업도구가 등장하게 되면서 농사가 크게 발전하였다. 고구려는 토지가 척박하여 수렵과 채집으로 생활했으며, 발효식품의 가공을 잘하였다. 10월이면 제천행사가 있는데, 이를 '동맹'이라 한다. 부여는 토지가 오곡을 재배하기 적합했고, '영고'라는 제천행사가 있었다. 옥저는 토지가 비옥하여 오곡을 경작하기 좋았다. 10월이면 '무천'이라는 천제를 지냈다. 동예는 농사를 잘 지었고, 양잠을 해서 비단을 만들었으며, 점을 쳐서 그 해의 풍작을 기원했다. 북쪽에서는 수렵생활을 하면서 개발한 고기구이인 맥적을 특별히 좋은 음식으로 여겼다. 삼한은 마한, 변한, 진한을 말하는 것으로, 그 중 마한은 곡식과 양잠을 했으며, 11월에는 추수감사의 제를 올렸다. 진한은 토지가 비옥하여 벼농사가 잘되었으며 철이 많이 생산되었다.

### ⑶ 한국 식생활문화의 기본 구축(삼국시대와 통일신라시대)

삼국시대에는 왕권이 확립되면서 농업을 기본산업으로 하여 국력을 키우고 영토를 확장해 나갔다. 흉년에 대비하고 양곡의 원활한 공급을 위해 흉년이 들었을 때에 백성을 구제하기 위하여 춘궁기에 종곡을 나누어 주고 추수기에 거두어들이던 진휼제도 등을 제도화하였다. 또한 철기문화의 영향으로 농경기술이 발달하여 벼농사가 크게 보급되었으며 쌀, 보리, 밀, 콩, 팥, 녹두 등이 주요 곡물로 재배되었다. 도정이나 제분용 용구로 맷돌, 디딜방아 등이 구비되어 있었고 소, 돼지, 닭, 염소, 오리 등의 가축을 사육하여 육류를 공급하였다.

4세기경 고구려 고분인 안악 3호에 입식형의 주방 설비가 보이며, 시루를 사용하여 찐 음식을 즐겼다. 무쇠솥이 보급되면서 본격적인 밥 짓기가 시작되었고, 주식과 부식으로 일상식이 구상되어 밥과 함께 먹을 부식이 발달하게 되었다. 술과 장, 메주, 소금절임 등의 발효식품과 포, 구이, 찜, 나물 등을 만들어 먹었다.

통일신라시대에는 농경의 발달로 쌀의 생산량이 증가하였고, 지방 간의 교류와 외국과의 교류가 성행하여 식생활의 다양화에 많은 영향을 끼쳤다. 당시 당나라와 무역을 통해 해물, 인삼, 다시마 등을 수출하였다. 차를 마시는 풍습이 상류층에 퍼짐에 따라 차에 곁들이는 과정류가 등장하게 되었으며, 특히 강정과 유밀과는 이때 만들어진 것으로 보인다. 이 시대에 개발된 곡물음식으로는 미숫가루와 단술을 들 수 있으며, 김치류로는 나박김치와 동치미 등의 국물김치가 있다.

### (4) 한국 식생활문화의 구조 확립

고려시대는 한국 식생활문화의 체계와 구조가 확립된 시기이다. 농업이 발달하면서 곡류를 활용한 떡, 과정류가 의례음식과 명절음식으로 발달하게 되었다. 고려시대는 관료제도의 발달과 불교적 분위기의 심화를 특징으로 했던 시대였다. 숭불정책에 따라 채식을 강조하는 경향이 식생활의 커다란 주류를 이루었으며, 육류를 절제하는 풍습이 식품 발달에 큰 영향을 미쳤다. 숭불정책에 따라 차문화가 성행하였으며, 차와 함께 곁들이는 음식으로서 유밀과 기호품으로 귀족층 사이에서 크게 유행했다.

빈번해진 외국과의 교류로 식생활도 변하게 되었으며, 소금의 전매가 국가적 차원에서 이루어져 식생활에 큰 변혁을 가져왔다. 고려 중엽에 송나라와 외교관계를 맺으면서 상류층의 기호품이던 사탕과 후추를 들여왔고 원으로부터 소주, 상화, 포도주 등을 받아들였다. 원나라와의 교역이 커진 고려말기로 오면서 육류를 다시 먹기 시작하였으며, 지금의 불고기 방식인 맥적이 그 대표적인 요리이다. 고려청자기의 발달이 식기의 고급화를 가져와 식생활문화의 발전을 한 차원 높여주었고, 조리방법이 다양하게 발달하여 예전에는 굽고 끓이거나 삶는 방법이 많았으나, 고려에 와서는 기름에 튀기거나 지지는 요리가 있었다.

(5) 한국 조선시대 식생활문화의 발전

조선시대는 한식이 한층 발달한 시대라 할 수 있다. 유교를 국교로 하면서 식생활에 커다란 변화를 가져왔고 현재와 비슷한 한식의 발달이 이루어졌다.

조선전기의 식생활 풍습은 유교의 영향을 받은 남존여비사상에 의해 '남녀칠세부동석'이라 하여 남녀의 동석을 금했고, 가부장제의 발달과 함께 식생활에까지 큰 영향을 주었으며, 남녀가 한 상에서 밥을 먹는 것을 금했다. 주식과 부식을 분리하고 신분이나 형편에 따라 3첩 반상에서 12첩 반상을 차렸다. 목적에 따라 평상시에는 반상, 죽상, 면상, 주안상, 다과상 등을 마련하고, 특별한 경우에는 의례적인 상차림으로 아기가 태어날 때 차리는 삼신상부터 혼례상, 회갑상, 제상 등 통과의례음식이 발달하고, 명절음식이 정립되었으며, 계절적 요인에 따른 시식과 절식도 발달하게 되었다.

조선후기의 식생활은 한식의 완성시대로서 식생활에 새로운 전기를 마련하였다. 임진왜란 이후에는 고추, 호박, 감자, 수박, 옥수수 등이 전래되면서 음식문화 발전에 크기 기여하였다. 임진왜란, 병자호란, 가뭄, 장마 등의 재앙으로 구황식이 발달하게 되었고, 백성의 전국적인 이동으로 지방은 음식이 발달하여 향토음식으로 정착되었다. 양반과 서민의 식생활 관습이 하나로 통일되면서 한식이 완성되었고, 담배 등 기호품의 수입이 식생활의 다양화를 가져왔다.

이밖에 『규합총서』나 『음식디미방』 등에 의해 조리 및 각종 문집들이 다투어 이시대의 생활사와 풍속사를 정리해 주었다. 외국인들에 의해 들어온 서양요리와 서양식생활의 풍속이 일부 개화된 사람들에게 퍼졌고, 궁중에서는 전국에서 올라오는 각종 진귀한 재료로 조리기술을 가진 주방 상궁에 의하여 한국음식이 최고로 발전하는 절정기를 누렸다.

(6) 한국 식생활문화의 변화

20세기에 들어와서는 서양의 문화와 중국, 일본의 음식들이 들어오게 되면서 한국음식에도 많은 영향을 주어 고유성이 변화되었다. 큰 사건 중의 하나는 커피가 유입된 것으로 1890년 궁중에 처음 들어왔으며, 당시 고종은 못말릴 정도의 커피 애호가였다고 알려지고 있다.

또한 이 시기에 손탁이 호텔을 열게 되면서 우리나라에 서양음식을 도입하게 되는 계기가 되었다. 1901년의 국권침탈 또한 밀가루, 청량음료, 식용유, 통조림 등의 외래식품이 유입되는 계기가 되었다. 1980년대에 이르러 고도의 경제성장과 급격한 산업화로 인해 식품 및 외식산업이 크게 발달하면서 식생활이 서구화되어 가고 있어 한국 고유의 전통음식의 정체성을 확립해야 할 필요성이 더욱 커지고 있다.

### 3) 한국 식생활문화의 시작

(1) 구석기~신석기의 한국 식생활문화

한반도에 구석기, 신석기에 사람이 살았다는 증거로 한반도 전역에서 발견되는 유적과 동굴 등이 있다. 예를 들어, 평양 상원읍에서 3km 거리에 있는 석회암 언덕 남쪽 비탈길에서 발견된 검은 모루 동굴이 있다. 또한 두만강변 함경북도 근처에서 발견된 주거의 흔적은 짐승의 가죽이나 나뭇가지를 엮어서 만든 막을 치고 살던 집 자리로 돌덩이와 돌무지로 막의 가장자리를 고정시켰던 것으로 보인다. 그 밖의 구석기시대 중기 유물로는 뼈로 만든 연모가 많이 발견되었다.

지경동 유적에서 발견된 석기 중에는 일종의 조립식 도구인 활촉이나 끼움날로 쓰였던 것으로 보이는 것들이 있다. 활로 사냥을 하면 멀리 있는 짐승을 잡을 수도 있기 때문에, 그만큼 생활의 폭이 넓어졌음을 알 수 있다.

(2) 신석기~청동기시대의 정착생활과 농사

한반도에서의 농사는 신석기 중기에 피와 조 같은 잡곡으로 시작되었고, 나아가서 수수, 콩, 팥 등을 재배하였다. 청동기문화가 시작된 시기에는 벼농사가 널리 퍼지게 되었고, 이러한 농경의 발달로 인류의 문명과 문화가 발달되었다.

한반도에서 농업이 일지감치 시작되었다는 사실은 신석기시대 중기(BC 3000년경) 유적인 황해도 봉산군 지탑리 유적에서 발견된 농업용구와 피와 조의 탄화된 낟알을 통하여 알 수 있었으며, 또한 농사를 지어 생활했던 흔적은 평안남도 온천군 운하리 궁상유적에서 발견된 농업용구를 통해서도 확인되었다.

(3) 발효식품의 출현과 식생활문화

BC 3000년대 후반 유적인 평양 남경유적 31호 집자리와 BC 2000년대 후반 유적인 36호 집자리, BC 2000년대 후반 유적인 함경 회령 오동 집자리 등에서 콩이 발견된 것으로 보아 일찍부터 콩을 재배하였음을 짐작할 수 있다. 이 지역은 모두 지금의 중국 동북부에 인접한 곳이다.

『삼국지』 '위지동이전'에는 "고구려가 장양을 잘한다."라고 되어 있는데, '장양(醬釀)'이란 술, 간장, 식초 등을 담는 것을 의미한다. 양조(釀造)란 발효작용을 이용한 술, 간장, 식초를 담는 것으로, 술 빚기를 비롯하여 장 담기와 젓갈, 채소절임과 같은 발효식품을 만들어 먹었을 것으로 추정된다. 이 시대에 술과 간장, 식초 및 장류와 젓갈, 김치류가 처음으로 등장하였다.

## 4) 한국 음식문화의 원형

### (1) 삼국시대의 식량

고구려, 백제, 신라 삼국은 모두 왕권을 중심으로 한 중앙집권적인 귀족국가이며, 이 시대는 국토를 확장하려는 군사적인 전쟁이 끊임없이 이어졌다. 식량생산 면에서는 삼국이 모두 벼농사를 으뜸으로 여기는 중농정책을 시행하였으며, 벼농사에 필요한 관개공사를 적극 추진하였고 흉년에 대비하여 양곡의 원활한 공급을 위한 임대법과 진휼제도 등을 확대하였다. 이러한 환경에서 쌀이 증산되고 보리, 밀, 조, 기장, 수수와 같은 잡곡과 콩, 팥, 녹두와 같은 콩류 등 주요 곡물이 증산될 수 있었다.

백제가 4세기에 왕국으로 체제를 완성했을 당시에는 청동기시대 고대미가 출토된 지금의 김포 일대, 경기도 여주 일대, 전남 무안군 등이 모두 백제의 관할이었고, 백제의 영토가 축소된 이후에도 백제 지역에는 벼농사 지대가 많았다. 이런 환경에서 백제에서는 일찍부터 쌀의 주식화가 확대되었다고 볼 수 있다.

7세기 말에 백제가 멸망하던 시기에는 부여에 있던 군창이 병화를 입은 채로 불타서 남아 있었는데, 그곳에서 출토된 낟알의 수가 쌀, 밀, 녹두, 겉보리, 귀리, 팥, 콩 순으로 발견되었다고 보고되었다. 신라는 삼국을 통일하면서 백제와 가야국의 비옥토였던 벼농사 지역을 흡수하여 더욱더 강병한 나라가 되었다. 이처럼 식량은 국가 차원에서도 중요한 요소이다.

### (2) 삼국시대의 식량원(어업, 수렵, 가축)

고구려는 압록강, 두만강, 대동강과 같은 내수면이 풍부하였으므로 민물고기가 많았고, 민물고기를 기르기도 했을 것이다.

백제의 어업에 대해서는 『삼국사기』에 다음과 같이 기록되어 있다. "백제는 서남해안에 천혜로 좋은 어장이 펼쳐져 있으므로 어류의 자원이 풍부하고 어법도 발달하였다."

신라는 동남쪽이 바다에 접하고 있어 어업이 발달할 수 있는 위치에 있었고, 계절에 따라 연해를 회유하는 어종도 풍부하였다. 그에 따라 배를 만드는 조선기술이 우수하였으며, 그 기술을 일본으로 전수하였다. 『해동역사』 권26에도 "신라 사람은 허리에 새끼줄을 매고 바다에 잠수하여 깊은 바다에서 대엽조를 채취한다."라고 기록되어 있다. 또한 다시마는 명물이어서 해표피나 해구신 등과 함께 중국으로 수출되었다.

고구려는 고분벽화에 수렵도가 있듯이, 수렵이 상무훈련으로 성행하였는데 3월이면 정규행사로 수렵회를 실시하였으며, 맨 먼저 잡은 멧돼지나 사슴을 산신께 올렸다. 산신께 제를 지낸 후, 산돼지는 구워서 나누어 먹었을 것으로 짐작되며, 이런 자리에서 시작한 고구려의 고기 구이가 '맥적'과 같은 명물의 발단이 되었을 것으로 추측된다.

⑶ 삼국시대의 과일, 채소 및 차와 신라의 차

잣은 품질이 좋아서 중국과의 무역에서 좋은 수출품이 되었다. 오얏이나 잣 등 현재 우리들이 먹고 있는 대다수의 과일류와 견과류는 이미 상용화되어 식생활에 사용되고 있었다. 또한 재배 채소로는 무, 상추, 가지 등과 호과, 동과, 박, 마늘, 파, 부추 등을 길렀는데, 『주서』에서 백제의 산물을 언급하면서 "오곡, 잡과, 소채 및 주예, 효찬, 약품 등이 내지(중국)에 있는 것과 많이 같다."고 기술되어 있다.

가사협이 지은 『제민요술』이라는 중국 농서에는 순무, 파, 마늘, 부추, 오이 등에 관한 상세한 재배법이 기술되어 있으며, 이러한 채소가 삼국시대에도 있었다고 유추된다.

『본초도경』에서 "신라에서 박하를 재배하여 그 잎을 달여 차로 마신다."라고 소개하고 있는 것으로 미루어 보면, 차나무를 재배하기 이전에 이미 박하차를 마셨음을 확인할 수 있다. 차나무 재배 이전에는 박하와 구기자 및 오미자 등을 우려서 차로 마셨다고 한다.

⑷ 삼국시대의 식품가공과 주방설비, 조리용구

삼국시대의 도정과 제분용구에는 절구, 디딜방아와 맷돌 등이 있다. 그 중 맷돌은 더 진보한 도정용구로써, 사찰 여러 곳에 대형 맷돌이 남아 있는 것은 당시 두부를 사찰에서 만들어 먹었고, 일반인들에게 보급했을 것이라는 추측을 가능하게 한다. 중국 한나라의 문물이 삼국에 도입되던 때이므로 두부 가공기술이 도입되었던 것으로 추측한다.

4세기 고구려의 고분인 안악 3호분(동수묘) 전실동측실 벽화에는 주방의 그림이 선명하게 남아 있다. 이는 부엌 칸의 장벽을 없애고 내부를 보여준 그림으로 아궁이 앞에서 한 여인이 장작을 지피고 있고, 다른 여인은 부뚜막 앞에서 국자(또는 주걱)로 시루 안의 것을 다루고 있다. 부엌의 오른쪽에 따로 있는 공간에는 탁상에 반(접시 또는 쟁반)이 포개어져 있고 그 앞에도 여인이 있다.

이 그림에서 부엌과 배선 공간이 나란히 따로 배치되어 있었고, 난방과 취사용 열의 설비는 별도로 설치되어 있었음을 알 수 있다. 부뚜막의 높이로 보아 입식 주방이고, 걸려 있는 시루에는 9부가량 무엇인가 가득 담겨 있는데 마치 떡가루를 안친 것같이 보인다.

이것으로 미루어 볼 때, 이 시대에는 시루가 주방의 상용필수 기본 용구였음을 알 수 있으며, 고분층 우물가의 모습으로는 물을 풀 때에는 도르래 같은 것을 이용했음을 알 수 있다. 육간에는 고기가 걸려 있는데, 사대부가에서는 곡물과 함께 고기가 상용식품이었음을 짐작케 하나, 동시에 일반

평민들의 식생활과는 거리가 멀었던 것으로 추측된다.

평북 운산군 용호동 1호분에서 출토된 고구려시대의 철제 아궁이는 높이 28.1cm, 장변 66.7cm의 장방형으로, 굴뚝이 달려 있는데 위로 올라갈수록 굴뚝이 점점 좁아진다. 5~7세기에 실제로 사용했던 것으로 윗면에 간단한 문양이 있으며 한때 부엌에서 사용하였던 흔적이 있고, 이와 유사한 도제 아궁이가 통구 지방에서도 발견되었다.

조리용구는 뚝배기 같은 발형토기로 시작하여 토제 시루, 도제 시루, 철제 시루, 청동제 시루, 쟁개비 등으로 발전하는데, 삼국시대 중기 이후로는 뚜껑이 달린 무쇠솥의 출현으로, 시루에 찌는 곡물음식에서 벗어나 쌀을 끓이고 뜸을 들여 밥을 지었음을 추측할 수 있다. 삼국시대 중기 이후의 시루는 청동제품이나 화도제품 등으로 소재가 더욱 고급화되었다.

우리나라는 BC 3세기경에 중국의 철기문화를 도입하여 삼국시대 후기에 무쇠솥이 일반화되었지만, 옛날부터 지녀왔던 아연과 청동의 합금기술에 의한 뛰어난 청동기 제법을 가지고 있었다. 이러한 청동합금 기술이 신라를 거쳐 고려, 조선시대까지 이어져 명물 '고려동'으로 불리며 생활용구 및 식생활용구를 만들어 사용하였다.

## 5) 삼국시대와 통일신라의 음식과 문화

### (1) 삼국시대의 떡과 종류

신석기시대 중기 즈음에, 잡곡농사를 지었을 때 지진 떡이나 구운 떡 등으로 시작한 떡이 벼농사가 퍼지던 청동기시대에 시루가 등장하여 찐떡과 친떡으로 발전하였다. 삼국시대에 이르면 쌀을 비롯하여 잡곡과 콩류가 증산되고 도정용구와 조리용구가 발달하면서 떡 만드는 솜씨가 더욱 다양해진다. 『삼국사기』 가락국기에는 법민왕 19년에 수로와 17대손에게 선조의 제사를 지내도록 상답(좋은 논)을 하사했는데 해마다 술, 감주, 떡, 쌀밥, 차, 과로 제사를 지냈다는 기록이 있다.

『삼국사기』 신라본기에는 친 떡을 물어 잇자국이 많은 쪽을 왕으로 모셨다는 유리이사금의 이야기가 있다. 떡을 물었을 때 잇자국이 남는 떡이라면 멥쌀가루를 쪄서 익힌 것을 다시 친 절편이나 찰밥을 쪄서 익혀 친 인절미 등 친 떡, 즉 도병류라고 짐작할 수 있다.

『삼국유사』 2권 효소왕대 죽지랑 이야기에 나오는 설병은, 죽지랑이 부하인 득오를 위로하기 위해 술과 함께 가지고 간 음식이다. 떡의 이름이 문헌에 등장하는 것은 이것이 처음이다. 일본으로 전해진 떡 중에 대두병, 소두병이 있는 것으로 미루어 보아 『삼국유사』에 있는 설병은 설기떡으로 추측한다.

삼국시대 떡의 종류를 조리법별로 보면 지진떡(전병류), 찐떡(설기떡, 시루떡 등), 친떡(인절미,

절편), 찐밥(팥밥 또는 오곡밥)으로 구분된다.

⑵ 찐 밥에서, 끓인 후 뜸 들이는 '밥 짓기'로 발달

『삼국유사』에 실린 내용 중 '진정법사 효선'이란 이야기를 근거로 삼국시대 후기에는 철제솥이 일반 가정에 보급되어 있다는 사실을 유추할 수 있는데, 진정법사인 효선이 홀어머니를 남기고 출가할 때, 어머니는 집에 있는 쌀 7홉을 모두 털어서 밥을 지어주며 "행로에서 밥을 지어먹으면서 가자면 더딜 터이니 내 눈 앞에서 그 하나를 먹고 나머지 여섯 개는 싸 가지고 속히 가라."라고 하였다. 개수로 셀 수 있는 밥은 '주먹밥'이었을 것이며 주먹밥은 고슬하게 지어야 한다. 또한 시루에 쪘다면 오랜 시간이 걸렸을 것이나, 먼 길 떠나는 딸을 속히 보내야 했기 때문에 불을 때서 빠르게 밥을 조리할 수 있었던 철제솥이 그 당시에도 있었음을 추측할 수 있다.

『임원십육지』 정조지 권2에 청대에 동성의 학자인 장영이 말하기를 "조선 사람은 밥을 잘 짓는다. 밥알이 고슬고슬하고 윤이 나며 부드럽다."고 칭송한 기록이 있다.

⑶ 원행에 휴대하는 미숫가루와 주먹밥

『삼국유사』 4권 관동풍악발연수 석기에 "진표율사는 전주 벽제군 나산촌 대정리 사람인데, 12살에 출가의 뜻을 갖고 금산사의 순제법사에게 가서 중이 되었다.…… 후에 스승의 교를 받들고 사퇴하여 명산을 편력할 때의 나이 27세였는데, 상원 원년(신라 경덕왕 19년~760)에 쌀 20말을 쪄서 말림으로써 양식을 삼고 전북 부안에 가서 변산 불사의 방에 들어갔다."고 기록되어 있는 것으로 볼 때, 여행을 할 때 쌀을 쪄서 말려 가루로 만드는 오늘날의 미숫가루가 예로부터 원행에 휴대한 식량이었으며, 군량으로 이용하였을 것으로 짐작할 수 있다.

⑷ 당화식품 감주

『삼국유사』 2권 가락국기에는 "……신라 30대 법민왕 19년(661) 3월 어느 날에 …… 가락국 원손의 17대손 갱이 조정의 뜻을 받아들여 그 전지를 주관하여 세시마다 술, 감, 떡, 밥, 차, 과 등 여러 가지로써 제한하여 해마다 끊이지 않게 하고……"라고 적혀 있다. 여기에서 말하는 감주는 밥을 엿기름으로 삭혀서 달게 만든 식혜를 말하며, 삼국시대에 당화식품을 가공했음을 알 수 있다.

## 6) 삼국시대의 발효식품

(1) 장류

『삼국지』 '위지동이전'에서는 고구려의 '장양솜씨'가 출중하다고 칭송하고 있으며, 일본은 고분시

대(4~6세기)에 우리에게서 가공기술을 전수받아 만든 장을 '고려장'이라고 칭하였다. 된장은 간장을 따로 뜨기 이전의 장류를 말하고, 밀장은 미장, 즉 일본 된장인 미소와 동의어이며 이것이 고려장이라고 한다. 또한 '갱말장'이 있는데, 쌀을 섞어 담은 것인지 또는 쌀겨를 혼합한 것인지 확실하지 않다고 '위지동이전'에서 전한다. 현재 일본의 미소는 우리 고려장이 전수된 것이며, 우리의 장은 미소와는 다른 대두만을 사용하여 담았다.

(2) 절임

『삼국사기』의 신문왕 3년 기록에 나타나는 혜는 '식초 혜'자이다. 식초는 발효, 가공된 것으로 장, 시, 포, 등과 함께 상용 기본식품인데, 이 혜는 어패류의 절임, 수조육류의 절임, 채소의 절임 또는 이러한 식품을 섞어서 절인 것 등을 총칭한 것으로 추측한다. 물론 절임은 소금이 있던 시기에 실시하게 되었다고 생각한다. 다만, 고대에는 소금보다 술이 얻기 쉬운 식품이었으므로, 여러 가지 혜를 가공할 때에 소금과 술 또는 소금과 술지게미 등을 섞어서 절였을 것이다. 혹은 현재도 동해안의 일부 지역에서 배추를 바닷물을 절여서 김치를 담그듯이 바닷물에 절이는 경우도 있었을 것이다.

삼국시대의 채소 절임은 김치와 장아찌의 원조라고 할 수 있다. 당시 절임법으로 소금에만 절인 것, 장에 절인 것, 소금과 술지게미를 섞은 것에 절인 것, 소금과 식초를 섞어서 절인 것, 장에 절인 것, 소금과 술이나 지게미에 쌀죽이나 조죽을 섞어서 절인 것 등이 있었을 것으로 추정된다.

'산채김치'는 고비, 고사리, 죽순과 같은 단단한 산채를 제철에 채집하여 소금에 절이거나 소금과 쌀죽 섞은 것에 절였을 것이다. 또『본초연의』에 "신라의 가지는 은은한 광택이 있는 연한 자색이고 모양이 달걀과 같다."고 소개하고 있듯이, 가지의 품질이 좋았으므로 소금에도 절이고 장에도 절이고 소금과 쌀죽을 섞은 것에 절여서 '가지김치'를 만들었을 것이다.

'무김치'는 삼국시대에 도입하여 재배한 것인데, 처음에는 짜게 절인 짠지, 장에 절인 것, 혹은 소금과 쌀죽을 섞은 것에 절인 것 등을 만들다가, 통일신라기에 이르러 좋은 무를 산출하게 되면서 무를 삼삼한 소금물에 절인 '동치미'로 만들게 되었다고 본다.

또한 '달래, 마늘, 마늘종 김치'가 있는데, 달래는 우리나라 산야에서 자생하는 식용채소이다. 신라에는 산원을 두고 있었으므로 마늘도 재배했다고 볼 수 있다. 이런 배경으로 보아 달래와 마늘, 마늘종 등을 앞에서 설명한 여러 가지 방법으로 절였을 것이다.

## 7) 삼국시대의 조리법

(1) 포

포는 생선, 조개, 고기 등을 통으로 그대로 말려서 저장했다가 사용하는 음식이다. 농경생활 이

전부터 있었고, 술을 빚어 마시면서 술에 절였다가 말려서 맛 좋은 포를 만들었을 것이다. 소금의 제조가 쉬워지면서 소금 간을 하여 말리거나 소금과 술을 섞은 것에 절였다가 말렸을 것이다. 이러한 과정은 세계의 여러 민족이 공통적으로 가지는 식품 건조법이다.

(2) 구이

구이요리 중에는 예로부터 고구려의 '맥적'이 명물이었다.

(3) 찜

우리나라에서 시루가 등장한 것이 벼농사가 퍼지던 청동기시대이므로, 이 시기부터 생선이나 고기를 쪄서 익힌 음식이 많아졌을 것으로 추측된다.

(4) 나물

삼국시대에는 이미 장류, 기름, 술, 식초, 소금 등이 구비되어 있었고, 산야에는 죽순, 고비, 고사리, 달래와 같은 자생 식용채소가 많았으며 가지, 무, 오이 등을 재배하였고, 신라에서는 관직으로 산원을 두고 채소재배를 담당하게 하였다. 또한 조리도구나 용구(부엌)조리실 등으로 볼 때 모든 환경이 채소를 여러 가지 양념으로 무치거나 볶아서 나물요리를 할 수 있도록 조성되어 있었으므로, 다양한 조리방법으로 음식문화를 즐겼을 것으로 보인다.

## 8) 식생활의 관행과 양식

(1) 평소의 식사

삼국시대 후기에 쌀을 비롯하여 곡물이 증산되어 비축하게 되었고, 한편으로는 장, 시, 절임, 초와 같은 식품의 가공기술이 정착되어 사용되었으며, 무쇠솥이 보급되어 쌀이나 잡곡을 끓여 익힌 후 뜸을 들이는 밥 짓기가 일반화된다. 곡물음식 중에서 밥은 떡이나 죽에 비하여 조리하기 쉽고 따뜻한 맛이 좋으므로 밥을 조석으로 사용하는 주식으로 삼게 되는데, 밥에는 반찬이 필요하였다. 때마침 밥반찬으로 먹기에도 좋고 영양도 풍부한 장, 시, 포, 혜와 같은 음식이 만들어졌으므로 이러한 음식을 밑반찬으로 상비해 두고 나물이나 구이와 같은 음식을 함께 차려서 밥상을 꾸미게 되었다.

『삼국유사』 태종 춘추공 이야기에는, 당시 왕의 식사 내용에 관하여 "왕의 식사는 하루에 살 서 말과 꿩 아홉 마리는 먹더니, 경신년에 백제를 멸한 후로는 점심을 그만두고 다만 아침, 저녁뿐이었다. 그러나 계산을 해보면 하루에 쌀 여섯 말, 술 여섯 말, 꿩 열 마리였다."고 기술하고 있다.

이러한 기록에서 평소의 식사는 쌀밥과 고기음식이 주를 이루어졌음을 알게 한다. 하루의 식사

횟수가 일을 할 때에는 3회이지만, 일이 없을 때에는 2회로 줄였음도 알 수 있다.

⑵ 식생활 양식

밥그릇은 발이 모양과 고배 모양 그릇을 사용했으며 숟가락과 젓가락을 사용하였다. 유물로 출토된 식생활용구인 금동 합과 토제 합을 살펴보면, 그릇의 모양이 뚜껑에 꼭지가 있는 발이 모양으로 뚜껑이 있어 따듯한 밥을 담는 밥그릇으로 조선시대의 밥상차림에서 밥그릇으로 쓰이던 놋바리의 모양과 같은 형태이다. 또한 고배 모양의 그릇은 옛날부터 식기로 많이 쓰였는데, 삼국시대 고분에서 가장 많이 발굴되는 것이 고배이다. 식사 관행은 숟가락과 젓가락 한 벌로 음식을 먹었고, 이는 그 당시 사람들이 상당히 격조 높은 문화 환경에서 생활하였음을 알 수 있으며, 음식에도 숟가락으로 먹기 좋은 것, 젓가락으로 먹기 좋은 것 등으로 다양하였음을 알 수 있다.

⑶ 잔치

『삼국유사』 권1 내물왕과 김제상 이야기에는, "눌지왕 10년(426)에 왕이 신하와 나라의 호협한 사람들을 모아 잔치를 베풀었는데, 술이 세 순배 돌게 되자 음악이 시작되었다. 충신 김제상이 어려운 사명을 받들고 떠날 때 왕이 그를 가상하게 여겨 술잔을 나누어 마시고 손을 잡아 작별하였다."고 하여, 그 당시 회식 상차림은 음식이 다채로웠다고 전해진다.

신라 30대 문무왕의 동생 차득공이 재상의 직을 맡고 민간의 실정을 살피고자 국내를 암행하던 때, 무진주의 주리로 있던 안길에게서 후대를 받고 후일의 해후를 약속했다. 후일에 그가 차득공을 찾았을 때 그를 크게 환대했는데, 이때의 상차림을 『삼국유사』에서 "찬이 50가지였다."고 기록하고 있다. 찬이 50가지라는 기록은 음식이 크게 발전하고 있었음을 확인하게 한다. 고구려, 백제, 신라가 통일되고 신라가 귀족문화를 전개하던 이 시기 식생활문화의 발전상을 알게 한다. 먼저 몇 가지의 기본 찬을 차려 놓고, 술이 돌아감에 따라 술안주로 좋은 음식은 뜨거운 것과 찬 것으로 배려하면서 두세 차례로 나누어 접대하고, 끝으로 식사가 될 만한 음식을 접대했다고 추정하는 것이 타당하다.

고대 부족 연맹국인 부여에서 행하던 영고, 고구려의 동맹, 한의 제천, 예의 무천과 같은 제천행사가 우리나라 잔치의 근원이다. 고대의 제천행사는 양식과 절차를 조금씩 달리하면서 신라의 '팔관회', 고려의 '팔관회'로 이어지고, 조선시대를 거쳐 오늘날까지 '단오제'를 비롯한 여러 마을의 공동제로 이어졌다.

19세기 중엽의 규방서인 '음식법'에도 "주연차림은 음식을 서너 번으로 나누어 접대하라."고 쓰여 있다. 우리나라는 제사를 지낼 때 술잔을 세 번 올릴 때마다 적을 새롭게 올리는데, 이러한 절차에서는 상고적인 의미가 있다. 또한 선농제, 중농제, 후농제, 풍사제, 우사제, 영성제를 행하였다. 이

것은 고대 제천의식에서 전해오는 관행이다. 제사를 행할 때 올리는 제물에 대해서 상세한 내용은 알 수 없으나, 삼국이 모두 세 번을 기본으로 하였다.

### 9) 한국 음식문화의 고급화 – 고려시대

삼국을 통일한 고려는 정치·경제·문화적인 면에서 귀족문화인 고급화의 바탕에서 출발되었다. 특히 음식문화는 통일신라의 귀족정치와 독특하고 강성했던 삼국의 정치·경제·문화적인 바탕을 근거로 하여 그때까지 남아 있는 향토 음식문화를 더욱더 고급화하는 계기가 되었다.

한편, 불교국가인 고려는 김치나 무잔지 등을 담는 조리기법이 발달하게 되었으며, 숭불사상으로 인하여 식물성 식품을 이용한 조리법이나 사찰음식이 발달하였다. 또한 음다풍속과 함께 떡, 한과류가 발달하였다.

그러나 고려 중기 이후 무신정권의 쇠퇴와 함께 불교가 쇠퇴하면서 불교 음식문화와 음다풍속이 쇠퇴하였고, 그 대신에 술과 숭늉의 문화가 발달하게 되었다. 육식문화가 성행하였으며 거란과 몽고의 침략 등 내우외환을 거치면서 음식문화의 다양한 발달을 가져왔다.

고려 후기에는 육식을 즐기고 약과, 상추쌈 등이 인기를 끌었으며 간장, 된장, 술, 김치 등의 저장식품이 삼국에 이어 더욱더 발달하게 되었고, 대두를 이용하여 콩나물을 길러 먹게 되면서 식생활문화는 더욱 다양해졌다. 이후 원나라(몽고)와의 교역을 통해 후추와 설탕, 포도주 등이 수입되었음이 송나라 사신 서긍이 저술한 『고려도경』에 상세히 기록되어 있다.

### 10) 다양한 음식문화의 발달 – 조선시대

고려시대를 바탕으로 하여 세워진 조선시대의 음식문화는 한층 세련되고 섬세하며 보다 다양하게 발달시켰다. 조선시대에는 초기부터 중농정책을 펴서 농서인 『고사집요』, 『농사직설』 등의 전문서적을 간행하였으며, 경장기술의 개발과 품종개량 등은 다양한 식품생산을 가져왔다. 전국 농산물의 산출 상황을 한눈에 파악할 수 있는 『동국여지승람』의 간행은 효율적인 정책으로 국민들의 생활과 식생활문화에 풍요로움을 선사했다. 조정에서는 농산물의 품종개량과 수리사업을 통해 식량을 증산케 했으며 화채, 탕차류, 주유 종류가 다양해졌다. 조선 중기 이후에는 남방으로부터 고추, 감자, 고구마, 호박, 옥수수, 땅콩 등이 수입되어 백성들에게 풍부한 먹거리를 선보였다. 한편, 원양어업과 식품의 생산가공을 통한 상품 보급은 화폐의 수단을 바꾸는 계기가 되었다.

삼국시대 이전부터 발달해왔던 우리의 젓갈문화는 결구배추의 유입과 함께 더욱 활성화되었다. 영양과 맛의 향상을 위해 김치류에 젓갈을 양념으로 사용하였고, 고춧가루의 사용 또한 더욱더 다양해지고 많은 양을 사용하게 되었다. 조선시대 초기엔 조정의 계획적인 향약 음식문화의 보급에 따라 식생활문화가 과학적으로 발달하였으며, 조선의 땅에서 생산되는 약초 등 식품재료를 이용하여 보양, 보익, 수명연장을 위해 '약식동원' 사상을 생활화하게 하였다. 또한 허준이 엮은 한의학서 『동의보감』과 이제마의 '사상체질론'을 바탕으로 '약식동원'과 마음의 평안을 주장하여 백성들에게 식생활의 과학화를 유도하고 권장하였다.

즉 향약은 조선 땅에서 자생하고 재배하는 한의약 재료와 식품 등을 이용하여 보양과 질병치료 등을 하면서 식품으로 조리한 음식을 먹음으로써 곧 질병을 치료하고 수명을 연장케 하는 원리이다. 그러한 바탕 위에 음식문화를 육류와 생선류, 비타민류가 풍부한 채소류, 견과류 등 현재의 영양학에서 주장하는 5군 식품, 즉 모든 영양이 골고루 포함되는 상차림문화를 격식에 맞게 구성하여 제도화한 3첩, 5첩, 7첩, 9첩, 12첩을 형식적인 면에서 구성하여 식생활을 과학적으로 한 것이 오늘날 반상차림의 밥상문화이다.

그럼에도 불구하고 이러한 격식 있는 식문화는 유교문화권의 잔재가 남아 있는 조선 후기까지도 경직된 사회에서 적응되지 못하였으며, 정책적으로도 백성들을 위한 특별한 식생활문화를 발달시키지 못하였다. 자연재해나 전쟁, 조정의 당파싸움 등과 더불어 백성들의 반란 등으로 많은 백성들이 굶어서 죽는 등으로 인구가 증가되지 못하였으며, 정치, 경제 등의 부패와 타락으로 결국은 일본으로부터 임진왜란의 침략과 함께 200년 뒤에 일제 강점 36년이라는 또 한 번의 국치를 당하는 슬픈 역사 속에서 조선시대가 막을 내리게 되었다.

한편, 고려시대부터 유행하던 향약 음식문화는 조선 중기를 거쳐 후기까지 음식문화의 발달과 함께 음식에 대한 문화를 기록하여 후세에 남기고자 했던 조상들의 노력으로 『식료찬요』, 『산가요록』, 『수운잡방』, 『주방문』, 『음식디미방』, 『규합총서』, 『동의보감』, 『임운십육지』, 『시의전서』, 『음식법』, 『규곤요람』, 『조선요리제법』 등의 고조리서와 고문헌에 기록되어 전해 내려오고 있어 그 명맥을 유지하고 있다.

## 2. 한국음식의 식생활

인간생활의 3대 요소 중의 하나인 식(食)은 먹고 마시는 모든 것을 말한다. 그 연구 자료가 많지는 않으나 집안, 고을, 민족마다 특이한 전통이 전승되어 생활에 뿌리를 내리고, 생활양식도 활발히 교류되어 전통성을 잃기도 했다. 이 교류 현상은 좋은 면과 나쁜 면이 있어 식품이 다양해지고 조리기술도 다각적으로 향상되었으며 음식 맛도 복합되는 것은 좋은 것이다. 외국요리를 받아들일 만한 바탕이 안 되고 조리기술이 익숙지 못해 제대로 음식을 만들지 못하는 단점이 있다. 이 한국음식에서 전통이 그대로 전승되는 것은 향토음식, 혼인음식, 절식, 시식, 제사음식 등이다.

본래 한국음식은 가정에서 할머니, 어머니, 며느리로 이어지는 가전의 음식 솜씨였으나, 개화 이후 여자가 교육을 받게 되었으므로 어머니의 솜씨를 받는 기회가 적어졌다. 한국요리의 배경은 남북으로 뻗은 반도로 산과 바다가 접하여, 생산품이 다양하고 특히 농업국가인 관계로 쌀을 가장 중요시하고 쌀을 가지고 만드는 떡, 죽 등의 음식과 쌀 다음 곡물로는 보리, 밀, 조, 콩과 메밀, 수수, 옥수수, 감자, 고구마의 밭곡식으로 만드는 음식도 많다.

한국음식은 밥을 주로 하고, 여기에 따라가는 반찬이 있다. 찬으로는 동물성 식품과 식물성 식품을 섞어 조리하고 다양한 양념으로 맛을 내었다. 고기는 소, 돼지, 닭, 생선, 패류 등으로 만드나 값이 비싸므로 밥을 많이 먹는 습관이 생긴 것 같다. 채소는 산채, 야채 등 종류가 많고 저렴한 값으로 얻을 수 있어 옛날부터 서민의 찬거리가 되었다. 시간과 노력을 절약하기 위해 조리도구, 조리연료, 조리법이 발달되었으며 단체식은 영양사와 조리사가 맡고 대중식이 늘게 되었다.

우리의 전통적인 한국음식의 전승은 궁에서는 상궁들에 의해 전해지고, 현재 전해지는 궁중음식은 조선 말기의 주방 상궁들에 의해 전해 받은 음식법이다.

### 1) 상차림

상차림이란, 한 상에 차려지는 주식류와 찬물을 배선하는 방법을 말하는 것으로, 우리나라의 일상음식의 상차림은 전통적으로 독상이 기본이다. 상차림은 한 상에 차려 놓은 찬품의 이름과 수를 말하는데, 그 규모는 그 음식 대접이 어떤 뜻을 가졌는가에 따라 정해진다.

음식상에는 차려지는 상의 주식이 무엇이냐에 따라서 밥과 찬을 차린 반상, 죽과 찬을 차리는 죽상, 국수와 만두, 떡국을 차리는 면상, 만둣국상, 떡국상이 있다.

손님을 접대하는 교자상, 술과 안주를 차린 주안상, 다과를 차리는 다과상, 임금님의 밥상인 수랏상이 있다. 예를 들면, 돌상이라 하면 아이의 앞날을 축복하며 부모의 소망으로 복을 기원하는 마음으로 백미 한 사발(약식), 국수(수명) 한 대접, 대추 한 접시(자손 번영) 등을 차린다. 길사에는 기쁨을, 제사에는 조상을 추도하는 뜻으로 어른이 생전에 드시던 음식을 푸짐하게 차린다. 또 명절마다, 사철마다 시식을 차려 그 뜻을 새겼다. 오랜 역사 속에 우리 민속과 더불어 이어진 음식상도 있고 의례에 따라 정해진 음식상이 있다. 예를 들면 생일상, 환갑상, 혼인상, 제상, 차례상, 고사상, 들놀이, 화전놀이 등으로 붙인다. 음식상을 분류하면 몇 가지로 나눌 수 있다.

#### (1) 반상차림

반상이란, 우리나라의 일상식 상차림이며 옛날부터 전승되어오고 있는 한식의 정식상을 말한다.

한국 사람의 주식인 반류가 위주로 되어 있다. 밥, 국, 김치와 찬을 한데 차리는 반상은 독상이 기본이며, 첩수에 따라 3첩, 5첩, 7첩, 9첩, 12첩으로 구분된다. 12첩은 임금님만을 위한 수랏상차림이다.

첩이라 함은 뚜껑 있는 반찬 그릇을 말하는 것으로 밥, 국, 김치, 장, 찌개 등을 제외한 반찬 그릇의 수에 따라 첩수를 세게 된다. 3첩이란 반찬 3그릇을 상에 올리는 것이다. 서민들의 반상 차림은 3첩이 고작이었고, 5첩은 어느 정도 여유가 있던 서민층의 상차림이었다. 이에 비해 7첩과 9첩은 사대부집의 상차림인데, 보편적인 것은 7첩으로 최상급 상차림이란 뜻으로 7첩 반상에 쌍조치라는 말이 있을 정도이다. 이밖에 12첩 반상은 수랏상차림인데, 수랏상은 반드시 12첩이 아니고 그이상이어도 상관이 없다.

반상차림은 반찬 재료와 조리법의 중복이 없도록 하고, 동물성식품과 식물성식품, 오방색이 적절히 조화를 이루고 있으며, 영양소의 균형이 이루어진 과학적인 상차림이다. 상차림에서는 국물이 있는 음식과 별식은 오른편에, 뜨거운 것은 앞쪽에, 찬 음식은 왼쪽에 놓는다. 그리고 밥은 왼쪽에, 국은 오른쪽에 둔다. 수저는 오른편에 놓는데 안쪽으로는 숟가락, 바깥으로는 젓가락을 놓는다. 반상은 신분이나 빈부에 따라 그 규모에 차이가 있으나, 영양상 균형 있고 맛있는 식사를 위하여 재료와 조리법을 감안하여 일정한 형식을 이루게 되었다.

### (2) 죽상차림

죽은 곡식에 물을 많이 붓고 오래 쑤어서 곡식의 알이 연하게 퍼지고 녹말이 충분히 호화되어 소화되기 쉬운 상태로 무르게 익은 유동식 음식의 총칭이다. 농경문화권인 우리나라에서는 죽이 밥보다 앞선 조리법으로 다양하게 발달되어 왔다.

죽상차림은 이른 아침에 초조반으로 내거나, 간단히 차리는 상으로 새벽자리에 일어나 처음 먹는 음식으로 부담 없이 가볍다. 죽, 응이, 미음 등의 유동식 주식으로 하고 간단한 찬을 준비한다.

죽상에 올리는 김치류는 국물이 있는 나박김치나 동치미, 찌개는 맑은 젓국찌개나 소금으로 간을 한 맑은 조치, 마른찬은 육포나 북어무침, 매듭자반 등으로 함께 차린다. 죽은 종류에 따라 간장, 소금, 설탕, 꿀 등으로 간을 하고, 합에 담고 작은 공기를 옆에 놓아 조금씩 덜어 먹게 하며, 만드는 방법이나 들어가는 주재료에 따라 여러 가지로 나눌 수 있다. 죽은 주식으로서만 아니라 별미식, 보양식, 환자식, 구황식 등으로 다양하게 이용되고 있다.

### (3) 장국상차림

장국상은 밥을 대신하여 주식을 국수나 만두, 떡국으로 차리는 상으로 점심 또는 간단한 식사 때에 차린다. 찬품으로 전유어 잡채, 배추김치, 나박김치 등을 놓는다. 그리고 탄신, 회갑, 혼례 등의 경사 때에 큰상(고임상)을 차리고, 경사의 당사자 앞에는 면과 간단한 찬을 놓은 임매상(면상)을 차린다. 주식이 면류, 만두이기 때문에 각종 떡류나 한과, 생과일 등을 곁들이기도 하며, 이때는 식혜, 수정과 화채 중의 한 가지를 놓는다. 술손님일 경우에는 주안상을 먼저 낸 후 면상을 내도록 한다.

- 면, 만두 : 더운 국수장국, 냉면, 만둣국, 떡국
- 김치 : 배추김치, 장김치, 나박김치, 오이소박이
- 종지 : 간장, 초간장
- 생채나 숙채 : 겨자채나 잡채
- 전류 : 여러 가지 전류, 편육류
- 찜류 : 여러 가지 찜 중 한 가지
- 편류 : 단자, 경단류, 갖은 편 중에서 한 가지 혹은 두 가지 이상
- 숙과류 : 유과, 정과, 다식, 강정 등에서 1~2가지 또는 약식
- 생실과류 : 여러 가지 생실과류
- 음료류 : 화채류, 식혜, 수정과

### (4) 주안상차림

주안상은 술을 대접하기 위해 차리는 상으로 청주, 소주, 탁주 같은 술과 함께 전골이나 찌개 같은 국물이 있는 뜨거운 음식과 전유어, 회, 편육, 김치를 술안주로 낸다. 과일이나 정과 등 후식까지 차릴 수도 있으며 아주 고급일 때는 구절판이 나온다. 주안상을 차릴 때 술은 손님의 기호를 고려해서 장만하며, 술의 종류에 따라 음식의 조미를 고려한다.

- 여러 가지 육포, 어포, 건어 등
- 전유와 편육류(누름적·편육·전유어)
- 찜이나 신선로, 전골류는 얼큰한 고추장찌개
- 겨자채 같은 생채요리 또는 잡채 같은 숙채요리
- 생회, 숙회
- 김치

### (5) 교자상차림

교자상은 명절이나 잔치 또는 회식 때 많은 사람이 함께 모여 식사할 경우 차리는 상으로 반상, 면

상, 주안상 모두가 함께 어울린 상차림이다. 교자상은 주식과 부식의 구분 없이 다양하게 음식을 내는 것이 특징이다. 잔칫날 교자상은 반상, 면상, 주안상 모두가 함께 어울린 상차림이다. 교자상을 차릴 때는 종류를 지나치게 많이 하는 것보다, 몇 가지 중심이 되는 요리를 특별히 잘 만들어 이와 조화가 되도록 재료, 조리법, 영양색채 등을 고려하여 몇 가지 다른 요리를 만들어 곁들이는 것이 좋은 방법이다.

주식은 냉면이나 온면, 떡국, 만둣국 중 계절에 맞는 것을 내고 탕, 찜, 전, 편육, 적회, 채, 그리고 신선로 등을 내놓는다. 김치는 배추김치나 오이소박이, 나박김치, 장김치 중에서 두 가지 정도 마련한다. 후식은 각색편, 숙실과, 생과일 화채, 차 등을 마련한다.

교자상은 찬품과 후식의 개수에 따라 5품, 7품, 9품, 11품, 13품 이런 식으로 홀수로 나간다. 기본 음식인 면, 떡국, 만두, 탕, 찜, 신선로, 김치, 장, 꿀을 제외한 찬품과 후식의 개수로 품수를 가린다. 조선시대의 교자상 차림은 건교자, 석교자, 얼교자 등으로 나누어져 있다.

#### ⑹ 다과상차림

다과상은 식사를 겸하지 않는 간단한 상이다. 교자상에서 나중에 내는 후식상으로 차리거나, 또는 식사 대접이 아닐 때에 손님에게 차와 과자 등을 간단히 내는 상차림이다. 보통 손님이 왔을 때 식사를 대접하기 전에 차린다. 차와 유밀과, 각색편, 다식, 숙실과, 화채 등을 고루 차려낸다. 다과상은 평상시에 식사 이외의 시간에 다과만 대접하는 경우와 주안상이나 장국상, 교자상에서 나중에 후식으로 내는 경우가 있다. 음식의 종류나 가지 수에는 차이가 있으나 떡류, 조과류, 생과류, 음청류 등을 계절감을 잘 살려 차리도록 한다.

#### ⑺ 큰상차림

혼례, 회갑, 희년, 회혼례 등에 차리는 상차림이다. 편, 속과, 생실과, 유과 등을 높이 고여서 상의 앞쪽에 색을 맞추어 배상하며, 상을 받는 주빈 앞쪽에 면상을 차린다. 음식은 계절, 가풍, 형편에 따라 조금씩 다르지만 대체로 유밀과, 강정, 다식, 생실과, 건과, 전과, 편, 어물, 편육, 전유어, 초, 덕 등을 차린다.

### 2) 의례음식

통과의례(通過儀禮)란, 사람이 태어나서 죽음에 이르기까지 반드시 통과해야 하는 의례로서 임신, 출생, 백일, 돌, 관례, 혼례, 회갑, 회혼례, 상례, 제례 등 일생을 통하여 의례를 행하는 것을 뜻한다. 그 중 관례, 혼례, 상례, 제례의 네 가지를 관혼상제, 즉 사례(四禮)라고 하여 그 예법을 중히 여겼다.

모든 의식 절차는 의례법에 따르고, 그에 따르는 음식을 통과의례 음식이라고 하여 차리는데, 거기에는 기원, 복원, 외경, 존대의 뜻이 담겨져 있다.

⑴ 삼칠일

아기가 태어난 지 세 번째 칠일인 21일째 되는 날로서 대문에 달았던 금칠을 떼어 외부인의 출입을 허용하고 새아기의 선을 보인다. 가족과 친지들이 방문하여 아기의 탄생을 축하하고 산모의 노고를 치하한다. 축하음식으로는 흰쌀밥, 고기를 넣고 끓인 미역국과 백설기를 마련하는데, 아기와 산모를 삼신의 보호 아래 둔다는 의미에서 집안에 모인 가족끼리만 나누어 먹는다.

⑵ 백일상차림

아기가 출생 후 백일이 되는 날에 무사히 백일을 지내 온 아기를 축복하고 무병장수(無病長壽)를 기원하며 백일상을 차려서 친척과 이웃에게 대접하고 축하를 받는다. 백일상에 올리는 음식은 흰밥, 미역국, 백설기, 수수경단, 오색송편, 인절미 등이 있으며, 백설기는 아기의 순수 무구한 순결을 의미하고, 수수팥떡은 액막이의 의미가 있다. 특히 백일떡은 백 사람과 나누면 백수를 누린다고 하여 여러 집에 돌리면서 인사를 겸하였는데, 그릇을 돌려줄 때는 씻지 않고 그릇에 실이나 돈을 담아서 답례로 보낸다.

⑶ 돌상차림

아이가 태어나서 만 1년인 생일을 '돌'이라고 하고 돌상을 차려서 축하한다. 음식은 흰밥, 미역국, 푸른색 나물, 백설기, 오색송편, 찰수수경단, 생실과, 쌀, 삶은 국수, 대추 등을 준비하며, 그 외에 흰 타래실, 청·홍비단실, 붓, 먹, 벼루, 천자문, 활과 화살, 돈 등을 상 위에 차려놓는다. 이때 마련되는 음식과 물건은 아기의 수명장수와 다재복을 바라는 마음으로 준비된다. 돌잡이 할 때는 아기가 집는 것에 따라 장래를 점치고 재주를 가지고 복을 받기를 기원한다. 즉 쌀은 식복이 많은 것을 기원하는 뜻이고, 면, 흰 타래실과 수국은 수명장수, 대추는 자손번창을 비는 의미이며, 찰수수경단은 모든 잡귀를 몰아내는 의미로 상에 올렸다. 청·홍비단실은 장수와 함께 앞으로 금실이 좋기를 붓, 먹, 벼루, 책은 앞으로 문운(文運)을, 활은 무운(武運), 돈은 부귀와 영화를 기원하는 뜻을 담고 있다.

**돌상에 놓는 물건과 담긴 의미**

- 쌀 : 식복이 많을 것을 기원하는 뜻
- 면 · 흰 타래실 : 장수를 기원하는 뜻
- 대추 : 자손의 번영을 기원하는 뜻
- 청 · 홍 타래실 : 장수와 부부금실이 좋기를 기원하는 뜻
- 붓 · 먹 · 벼루 · 책 : 문운(文運)을 기원하는 뜻
- 활 : 무운(武運)을 기원하는 뜻
- 돈 : 부귀와 영화를 기원하는 뜻
- 푸른나물 : 청렴함과 강인한 생명력을 기원하는 뜻
- 백설기 : 순수 무구한 순결을 기원하는 뜻
- 차 · 수수경단 : 잡귀나 부정한 것을 예방하여 잔병이 없고 무사하기를 기원하는 뜻
- 송편 : 송편 소가 꽉 차고 겉을 떡이 감싸고 있는 것과 같이 지혜롭고 넓은 마음을 가짐으로써 조화롭게 살기를 기원하는 뜻

(4) 혼례상차림(폐백상)

혼례상은 혼담이 오가는 것에서부터 근친(近親 : 시집간 딸이 친정에 가서 어버이를 뵙는 일)까지 행해지는 의례로, 혼인식을 올린 신부가 시부모님과 시댁 어른들께 첫인사를 드리는 예를 행할 때 신부측에서 마련하는 음식이다. 신랑·신부 양가의 혼인 의사를 타진하는 단계인 의혼(議婚), 신랑의 사주를 보내는 절차인 납채(納采), 신랑이 신부집으로 가서 혼례를 행하는 절차인 대례(大禮), 신부가 신랑을 따라 시댁으로 들어가는 절차인 우귀(于歸) 등 여러 가지 의례가 따른다. 혼례상차림으로는 납폐와 대례 및 위귀례의 현구고례 때에 준비하는 봉채떡, 초례상, 입맷상, 폐백 등이 있으며 각 의식에 따라 상차림이 다르다.

① 봉채떡

일명 '봉치떡'이라고도 하며, 납폐의례 절차 중에 함을 받기 위해 신부집에서 준비하는 음식이다. 봉채떡은 찹쌀가루 3되에 붉은팥 1되를 고물로 하여 시루에 두 켜로 나누어 안치고 위에는 대추와 밤을 올려서 쪘다. 대추와 밤을 올리는 것은 다산과 부귀를 기원하는 의미로 신부에게 먹였으며, 찹쌀은 부부금실이 좋기를 기원하는 뜻이, 붉은팥은 액을 면하게 되기를 바라는 의미가 담겨져 있다.

② 교배상(초례상)차림

혼례를 치르는 것을 초례를 치른다고도 하고 신랑과 신부가 상견례를 한다고 하여 교배(交拜)례라고도 한다. 교배상은 혼례 때에 차리는 상으로, 진설되는 물건들은 지방이나 가문에 따라 조금씩

차이가 있으나, 대개는 촛불을 밝힌 한 쌍의 촛대와 송죽(松竹) 가지를 꽂은 화병 두 개, 닭 한쌍, 백미 두 그릇, 술과 잔, 밤, 대추, 은행, 용떡, 달떡, 콩, 팥 등이 오른다. 진설품 중 불을 밝힌 촛대는 혼례를 밤에 치루었으므로 재물을 비추기 위하여 올려졌던 것이 지금까지 이어지고 있으며, 송죽은 절개를 뜻하고, 은행, 밤, 대추는 자손의 번성을 의미한다.

③ 큰상차림

큰상은 혼례를 올린 신랑과 신부에게 축하의 뜻으로 여러 가지 음식을 높이 고여서 차린 상이다. 음식을 높이 고이므로 고배상(高排床) 또는 바라보는 상이라고 하여 망상(望床)이라고도 한다. 큰상에는 각색편과 강정, 약과, 산자, 다식, 숙실과, 생실과, 당속류, 정과 등의 조과류와 전유어, 편육, 적, 포 등의 찬품을 차리고, 가화(假花)라고 하여 색종이나 얇은 비단으로 꽃을 만들어서 고인 음식에 꽂기도 하였다. 큰 상에 높이 고였던 음식은 헐어서 신랑댁이나 신부댁으로 보내고, 남은 음식은 이웃에게 돌리는데 이를 봉송(奉送)이라고 한다.

④ 입맷상

신랑과 신부 앞에는 찬과 국수를 차린 장국상을 따로 차려 주는데 이를 '입맷상'이라 하며, 온면이나 냉면 및 떡국을 주식으로 하여 찜, 편, 육, 전, 포, 어물, 신선로, 잡채, 회 등을 올리고 청장, 초간장과 김치, 술, 한과, 떡, 화채 등을 다양하게 올린다.

⑤ 폐백상(幣帛床)차림

혼례를 치른 후에 신부가 시부모님과 시댁 어른들께 첫인사를 드리는 예의를 폐백이라고 하며, 이때 차리는 상을 '폐백상차림'이라고 한다. 폐백음식은 각 지방이나 가정의 풍습에 따라 다른데, 대체로 대추고임, 편포, 육포, 폐백닭, 청주를 준비한다. 폐백음식은 폐백보에 싸서 네 귀를 모아 묶지 않고 둥글게 만든 근봉(謹封)띠로 모은다. 또한 대추는 시아버지께 드리고 육포는 시어머니께 드린다.

⑥ 이바지

'이바지'란, 혼례 전이나 혼례를 치른 후에 신부 어머니가 신랑집에 보내는 음식을 말한다. 이바지 음식은 그 집안의 솜씨와 가풍이 담겨있으며 지위를 나타내기도 한다. 또한 집안에 따라 음식의 종류와 조리법도 다양하다. 대체로 이바지 음식으로는 양념과 찬류, 산적, 찜, 과일, 한과, 떡, 육회, 전, 갈비, 국수 등을 준비한다. 신랑집에서는 이바지 음식을 받으면 그에 대한 답례로 음식을 보내는데, 이를 '답바지'라 하여 사돈 간의 정을 주고받았다.

⑸ 회갑례(回甲禮)

부모의 만 60세 생신에 차려드리는 연회로서 부모가 만 60세가 되면 경사롭고 복된 날이라고 하여 이를 축복하고자 자손들이 성대한 잔치를 베풀고 더 오래 무병장수하기를 기원하는 회갑례(回甲禮)를 치르는데, 진갑례(進甲禮)라고도 한다. 회갑례에는 혼례처럼 고배상(高排床)을 차리고, 자손들은 헌주(獻酒)하며 손님들께 국수장국을 대접한다.

고배상을 차리는 음식의 종류나 품수 및 높이 등에 관한 규정은 없으며 각 음식의 위치도 정해져 있지 않다. 다만, 각 가정의 형편에 따라 품수나 높이를 정하여 차렸다. 부모님은 큰상에 앞서 간단히 차린 후에 대접하는 음식상인 입맷상을 따로 받고, 고배상을 차려 놓은 앞에서 절을 받게 된다. 이때 고배상(高排床)에 차린 음식은 음복한다고 하여 헐어서 모두에게 나누어 싸준다.

⑹ 회혼례(回婚禮)

'회혼례'는 혼인한지 만으로 육십년이 되는 날을 기념하는 의례로, 결혼 후 자녀가 성장하고 반성하며 부부가 장수함으로써 다복하게 산 것을 기념하여 다시 올리는 혼례식이다. 부부가 결혼할 때처럼 신랑·신부의 복장을 하고 자손들로부터 헌수(獻壽)를 받으며 일가친척과 친지들로부터 축하를 받는다. 상차림은 혼례 때와 마찬가지로 고배상을 차리고 손님 대접은 다른 잔치와 마찬가지로 한다.

⑺ 상례(喪禮)

'상례'는 사람이 운명하여 땅에 묻힌 다음 대상을 지내고 담제와 길제를 지내는 것으로서, 탈상하게 되는 3년 동안의 모든 의식을 말한다. 상례는 인간이 거쳐야 하는 마지막 통과의례로 본인이 아닌 다른 생존자들에 의하여 진행되는 의례라는 특징이 있다.

상례에 따르는 음식은 상례 중에 올리는 전(奠)과 조석상식(朝夕上食)으로 구분되며, 전은 장례 전에 영좌 앞에 간단한 음식을 차려 놓는 예식으로, 이때 차리는 음식은 주(酒)와 과(菓) 정도이고 집안에 따라 포(脯)를 더 놓기도 한다. 조석상식은 '돌아가신 조상을 섬기되, 살아계신 조상 섬기듯이 한다'는 의미에서 아침과 저녁으로 올리는 상식이다. 조석상식은 상례 중에는 물론, 장사를 치른 뒤에도 탈상할 때까지 만 2년 동안 올린다. 이때 올리는 음식은 산 사람의 조석 밥상처럼 밥, 국, 김치, 나물, 구이, 조림 등으로 한다.

⑻ 제례(祭禮)상차림

'제례상'은 조상의 제사를 모시는 의례로 사람이 죽으면 그 자손이나 친족 및 친지가 조상의 은덕을 추모하여 생전에 못 다한 정성을 돌아가신 후에 효와 정성으로 기념하는 것이다. 제사의 종류에는 기제(忌祭 : 고인이 돌아가신 날에 해마다 한 번씩 지내는 제사), 차례(茶禮 : 명절이나 조상의 생신날에 간단하게 지내는 제사), 사시제(四時祭), 묘제(墓祭), 이제(禰祭), 사당(祠堂) 등이 있다.

- 제례는 가가례(家家禮)라고 하여 집안과 고장에 따라 제물과 진설법이 다른데, 대체로 다음과 같은 방식을 따른다.
- 신위의 바로 앞쪽인 제 1열 중앙에 시접, 잔반, 초첩을 놓는다. 이때 잔반과 초첩은 잔서초동(盞西醋東)이라고 하여 시접을 중심으로 술잔은 시접의 서쪽에, 초첩은 시접의 동쪽에 놓는다.
- 제 1열에 메(밥)와 갱(국)을 올린다. 이때 메와 갱은 반서갱동(飯西羹東)으로 메는 서쪽에 놓고, 갱은 동쪽에 놓는다.
- 제 2열에는 면(국수), 편(떡), 편청(떡을 찍어먹기 위한 꿀)을 올린다. 이때 면과 편은 면서병동이라고 하여 면을 서쪽에 놓고, 편을 동쪽에 놓는다. 그리고 가운데에 탕을 놓는다. 탕을 올릴 때는 어동육서(魚東肉西)로 소탕을 중앙에 차리고, 사탕을 중심으로 동쪽에 어탕을 놓으며, 서쪽에 육탕을 놓는다.
- 제 3열에 전과 초장을 올린다. 전을 놓을 때는 어동육서(魚東肉西)로 생선전은 동쪽에 놓고, 고기전은 서쪽에 놓는다. 가운데에는 적(炙)을 놓는다. 또 두동미서(頭東尾西)로 머리가 동쪽 꼬리가 서쪽으로 놓는다.
- 제 4열에 포, 해, 나물, 김치 등을 놓는다. 이때 포와 해는 좌포우해(左脯右醯)라고 하여 포는 왼쪽에 놓고, 해는 오른쪽에 놓는다.
- 제 5열에는 과실과 조과를 놓는다. 이때 과일은 홍동백서(紅東白西)라고 하여 붉은 색의 과일(사과·감·대추)은 동쪽에 놓고, 흰색의 과일(밤·배)은 서쪽에 각각 놓는다. 그리고 조과는 가운데에 놓는다. 또는 조율시이(棗栗柹梨)라고 하여 대추, 밤, 감, 배의 순으로 놓기도 한다.
- 숭늉은 합문과 계문의 절차가 끝난 뒤에 탕과 메를 내리고 그 자리에 놓는다.

① 제수의 준비

- 메 : 흰밥을 말하며, 추석에는 송편, 설에는 떡국으로 대신한다.
- 탕 : 단탕, 3탕, 5탕으로 형편대로 하며 국물은 적게 하고 건더기를 소복하게 담는다.
- 적 : 형편에 따라 단적, 3적, 5적으로 한다.
- 전 : 저냐를 말하며 육전, 어전, 소전을 올린다.
- 삼색나물 : 도라지나물, 고비나물, 시금치나물을 올린다.
- 포 : 육포, 어포, 북어포, 건어물, 건전복 등을 올린다.

- 편 : 백편, 꿀편, 승검초편, 고물을 얹어 찐 찰편, 멥쌀편 등을 올린다.
- 해 : 생선젓갈, 소금에 절인 조기를 쓴다.
- 혜 : 밥알을 삭혀 만든 식혜의 건더기만을 담는다.
- 침채 : 물김치로 대개는 나박김치를 희게 담아 쓴다.
- 과실 : 생과와 조과를 종류별로 각각 그릇에 괴어 담는다. 생과 중 복숭아는 쓰지 않으며, 밤은 생률치기를 하고 다른 과일은 위·아래를 도려낸 다음 꼭지가 위로 가도록 담는다.
- 제주 : 약주를 사용한다.
- 청장 : 순수한 간장으로 종지에 담는다.
- 숙수 : 찬물에 밥알을 조금 풀어 만든 일종의 숭늉으로 신위 수대로 그릇에 담는다.

② 진설법

제수를 진설할 때는 제주가 바라보는 쪽에서 오른쪽이 동, 왼쪽이 서이다. 진설은 제주 편에서 맨 앞줄에 과실, 다섯째 줄에는 메와 탕을 놓는다.

- 남좌여우(男左女右) : 제상의 왼쪽은 남자, 오른쪽은 여자이다.
- 반서갱동(飯西羹東) : 반(밥)은 서쪽에, 갱(국)은 동쪽에 놓는다.
- 면서병동(麵西餠東) : 면(국수)은 서쪽에, 병(떡)은 동쪽에 놓는다.
- 홍동백서(紅東白西) : 과일은 붉은 것(사과·곶감·대추)은 동쪽에 놓고, 흰 것은 서쪽에 놓는다. 또는 조(棗), 율(栗), 이(梨), 시(柿), 유과, 다식, 정과를 3, 5, 7의 수로 배열한다.
- 어동육서(魚東肉西) : 적과 생선은 동쪽에, 소고기나 돼지고기는 서쪽에 놓는다.
- 두동미서(頭東尾西) : 생선은 머리쪽이 동쪽으로, 꼬리는 서쪽으로 오게 담는다.
- 좌포우혜(左脯右醯) : 포는 왼쪽, 식혜는 오른쪽에 놓는다. 신위를 중심으로 첫줄의 양편에 대를 놓고 촛대 앞에 삶은 국수를 놓는다.
- 건좌습우(乾左濕右) : 마른 것은 왼쪽에, 젖은 것은 오른쪽에 놓는다.
- 접동잔서(摺東盞西) : 접시는 동쪽에, 잔은 서쪽에 놓는다.

### 3) 절식(節食)과 시식(時食)

한국의 절식과 시식 풍속은, 우리나라는 농경민족으로 자연을 숭상하는 생활을 해왔기 때문에 식생활에 자연관이 깃들어 있으며, 사계절이 뚜렷한 자연환경 속에서 각 계절마다 달리 생산되는 제철식품으로 갖가지 음식을 장만하여 즐기는 풍속이 일찍부터 발달하였다.

절식이란 다달이 있는 명절에 차려 먹는 음식이고, 시식은 계절에 따라 나는 식품으로 만드는 음식으로 명절음식과 시절음식을 통틀어 세시음식이라고 한다. 세시음식은 절식과 시식으로 나뉘는데, 절식은 사계절 자연의 영향을 받고 역사의 변천에 따라 자연스럽게 독특한 색채가 덧붙여진다. 자연의 찬미가였던 우리 조상들은 아름다움을 한층 더하여 멋으로까지 발전시켰다. 이토록 자연과 함께 음식을 즐기던 풍속을 시식, 절식에서 엿볼 수 있다.

(1) 설날

설날은 음력 정월 초하룻날인데, 농경의례와 민간신앙을 배경으로 한 우리민족 최대의 명절이다. 새해를 시작하는 첫날인 만큼 이날을 아무 탈 없이 지내야 1년 365일 평탄하다고 '지극히 조심하면서 가만히 들어앉는 날'이란 뜻에서 설날이라는 이름을 붙였다. 설날 차례상과 세배 손님 대접을 위한 여러 음식을 통틀어 '세찬'이라고 하는데, 세찬에는 떡국과 함께 만두, 약식, 인절미, 약과, 다식, 주악, 단자류, 편육, 빈대떡, 강정류, 식혜, 수정과, 나박김치, 장김치, 전복초, 떡찜, 족편, 누름적, 동치미 등이 있다.

이 중 떡국은 설날의 대표적인 절식으로, 길게 빚은 가래떡을 돈짝처럼 얇고 동그랗게 썰어서 맑은 장국에 끓인 것이다. 개성 지방에서는 흰떡을 가늘게 밀어 누에고치 모양으로 가운데가 들어가게 조랭이떡국을 만들었다. 세주는 '사람의 혼을 깨어나게 한다.'는 뜻으로, 설날에 마시면 병이 생기지 않고 오래도록 살 수 있다고 전한다.

한편, 설전에 어른들께 음식을 보내는 일이나, 어른들이 아랫사람들에게 보내는 먹을 것들도 '세찬'이라고 하였다.

(2) 입춘

음력 12월 말이나 정월 초에 봄이 시작되는 것을 알리는 명절로, 집집마다 입춘대길(立春大吉)이라는 봄맞이 글귀를 대문, 난간, 기둥에 써 붙인다. 입춘오신반이라 하여 움과, 산갓, 당귀싹, 미나리싹, 무 등의 다섯 가지의 시고 매운 생채요리를 만들어 진상하고 서로 선물로 주고받았다. 음식으로는 탕평채, 승검초산적, 죽순나물, 죽순찜, 달래장, 달래나물, 냉이나물, 산갓김치 등이 있다.

(3) 정월대보름(上元日)

상원(上元)은 음력 정월대보름날인데, 이 또한 농경의례와 민속신앙에서 비롯된 명절이다. 신라시대부터 지켜온 명절로, 달이 가득 찬 날이라고 하여 재앙과 액을 막는 제일(祭日)이다. 일 년의 첫 보름이라는 의미에서 특히 중요시되고 있으며 날씨가 맑으냐 궂으냐, 달이 밝으냐 희미하냐, 풍세가 고우냐 사나우냐에 따라 그해 농사의 흉·풍, 신수의 길흉화복을 점치는 풍속이 전해지고 있다. 또 쥐불놀이, 다리밟기, 돌싸움, 제웅치기, 동냥곡식, 매달리기 등 여러 가지 민속행상도 전해진다.

상월 절식으로는 묵나물, 보쌈, 부럼, 귀밝이술 등과 함께 떡 종류에 속하는 약식이 주요한 음식으로 뽑히고 있다. 약식은 찹쌀, 대추, 밤, 꿀, 잣 등을 섞어서 꿀과 진장을 버무린 후에 거무스름하게 찐 밥인데, 까마귀에게 보은하기 위해 만든 음식이라는 말이 전해진다.

⑷ 중화절실(中和節)

정조 병진년(1766)에 음력 2월 초하루를 당나라 중화절의 옛일을 본따 농사철의 시작을 기념하는 음력 2월 초하루를 '중화절'이라 하여 농사일을 시작하는 날로 삼고, 노비일 또는 머슴날 등으로 불렸다. 이날에 농가에서는 그 해의 풍년을 기원하는 뜻으로 정월 대보름날에 세워두었던 볏가릿대에서 벼이삭을 내린 후에 콩 또는 팥을 소로 넣고 송편을 만들어 먹었다. 이 송편을 '노비송편'이라고 하는데, 크게는 손바닥만 하게 송편을 만들고, 작게는 달걀만 하게 송편을 만들어서 노비들에게 나이 수대로 나누어 먹이고, 격려하는 뜻에서 하루 일을 쉬게 하였다.

⑸ 삼짇날

음력 3월 3일은 '중삼절' 또는 '삼짇날'이라고도 하여 강남 갔던 제비가 돌아온다는 명절이다. 만물이 활기를 띠고 강과 들에 나가 두견화전, 화면, 수면, 진달래화채, 향애단, 쑥떡, 탕평채 등을 만들고 노는 화전놀이를 했다.

⑹ 한식

동지로부터 105일째 되는 날로서 '청명절'이라고도 하며, 성묘 갈 때 가지고 가는 음식은 약주, 과일, 포, 식혜, 떡, 국수, 탕, 적 등이다. 한식이란 명칭의 유래는 종교상의 이유로 나라에서 봄에 새로 불을 만들어 대궐 안에서부터 민간에게 반포하고, 그에 앞서 묵은해에 써오던 불을 금단하였던 바 이날은 불이 없어 미리 되어 있던 음식을 찬 그대로 먹는다 하여 '한식'이라는 이름이 붙여졌다는 설이 있다. 한식날의 음식으로는 한식면이라 하여 맹물국수를 해먹고 떡으로 쑥떡을 한다.

⑺ 춘절시식

탕평채와 수란, 한강하류 고양군 양주에서 나는 물고기로, 회나 웅어 감정을 만들어 먹으며 왕가에도 진상했다.

### ⑻ 등석절식

만백성의 가슴을 시원하게 하는 날이라 하여 '등석'이라는 4월 초파일 석가탄신일이다. 집집마다 등을 달고 손님을 초대하여 느티떡, 미나리강회, 콩조림 등 소찬으로 대접한다. 이때의 절식으로 녹두찰떡, 쑥편, 화전, 주악, 석이단자, 비빔국수, 해삼전, 양지머리편육, 차돌박이편육, 신선로, 도미찜, 웅어회, 도미회, 미나리강회, 화채, 청면, 제육편육, 생실과, 햇김치 등이 있다. 장미꽃으로 장에 화전을 부치기도 하고, 석남잎으로 석남엽병을 만들기도 한다.

### ⑼ 단오절식

음력 5월 5일은 일 년 중에서 가장 양기가 왕성한 날이라고 해서 옛날부터 큰 명절로 여겨왔다. 단오에는 부녀자들이 창포뿌리를 머리에 꽂거나 창포 삶은 물에 머리를 감는다. 수레바퀴 모양의 수리취떡, 알탕, 제호탕, 도미찜, 준치국, 붕어찜, 어채, 앵두화채 등을 차려서 먹는다. 수릿날, 중오절, 천중절이라 부르기도 하는데, 단오 차례를 지내고 그네뛰기, 씨름 등의 민속놀이도 전해진다.

### ⑽ 유월

음력 6월 보름을 '유두'라고 하는데, 신라 때부터 내려온 것으로 아침에는 수단, 건단, 유두면 등과 수박이나 참외 등의 햇과일, 그리고 피, 기장, 조, 벼를 조상께 천신하고 궁중에서는 종묘에 천신했다. 수수 피나락을 가묘에 바치는 것을 천곡이라고 하는데, 보리로 단술을 빚어서 바치기도 했다. 고려시대에 씌여진 『동도유속집』에 "6월 보름을 유두일이라고 하며 맑은 개울에서 머리를 감아 액을 떨어버리고, 선비들은 유두음식을 차린 후에 물가에서 풍월을 읊는 유두연을 베풀었다."라고 기록되어 있다.

절식으로는 편수, 봉선화화전, 감국화전, 밀쌈, 구절판, 깻국탕, 어채, 복분자화채, 떡수단, 보리수단, 참외, 상화병, 연병 등이 있다.

### ⑾ 삼복

일 년 중 가장 더운 절기를 초복, 중복, 말복이라 하며, 이 세 날을 통틀어 '삼복'이라고 하는데, 이때는 땀을 많이 흘려 피로를 느끼기가 쉽다. 따라서 몸을 보신하기 위한 보양음식을 즐겼다. 절식으로는 붉은 팥으로 끓인 복죽(팥죽), 육개장, 계삼탕, 개장국, 임자수탕, 민어국 등이 있다. 복중의 시식으로는 칼국수를 닭국물에 끓인 백마자탕, 미역을 넣어 끓인 칼국수, 호박을 섞어 부친 밀전병, 암치지짐, 호박지짐 등이 있다.

(12) 칠월칠석

음력 칠월 칠일은 '칠석'이라고 하여 견우와 직녀가 일 년에 한 번 오작교에서 만나는 날이다. 또한 볕이 좋을 때 옷과 책을 말리고, 집집마다 우물을 퍼내어 청결히 한 다음에 시루떡을 해서 우물에 두고 칠성제를 지낸다. 칠석의 절식으로는 밀전병, 증편, 육개장, 게전, 잉어구이, 잉어회, 복숭아화채, 오이소박이, 오이깍두기 등이 있다.

(13) 백중

7월 보름을 '백중'이라고 하여 민가에서는 이날 밤에 채소와 과일, 술, 밥 등을 차려 놓고 돌아가신 어버이의 혼을 부르기도 했다. 또한 머슴날이라고 하여 농사일에 수고한 사람들에게 술과 음식으로 위로하는 행사도 있었다. 이때의 시식으로는 밀국수, 애호박전, 민어지짐이, 떡국 등이 있고, 과일로는 참외가 있다.

(14) 추석절식

음력 8월 15일 '가배일, 중추절, 가위, 한가위'라고도 한다. 우리나라의 설날과 함께 큰 명절로 새옷으로 단정하고 햇곡식으로 떡을 빚고 밤, 대추, 감 등의 햇과일로 선조께 다례를 지내며 성묘하는 날이다. 신라 유리왕 때 왕녀 두 사람으로 하여금 각 부내의 여자를 모아서 두 패로 나눠 7월 15일부터 8월 15일까지 대궐 안에서 길쌈을 경쟁하여 진 편이 이긴 편에게 주연을 마련하여 축하하도록 하였다. 여기서 추석이 유래되었다. 햅쌀송편, 토란탕, 화양적, 지짐누름적, 닭찜, 윤란, 조란, 밤초, 햇콩밥, 햇밤밥, 송이찜, 햇과일 등을 즐겼다.

(15) 중국절식

음력 9월 9일은 양수가 겹치는 날로, '중양절'이라고도 한다. 삼짇날에 온 제비가 강남으로 날아간다는 날이다. 이날은 국화를 감상하며 풍류를 즐긴다. 절식으로 국화전, 국화주, 국화화채, 도로묵찜이 있다.

(16) 시월상달

10월은 1년 동안의 농사로 햇곡식과 햇과일 등이 풍성해지는 시기로 '상달'이라고 하여 열두 달 중 첫째가는 달로 여겼다. 햇곡식으로 술을 빚고 만들어 붉은 팥으로 고물을 얹어서 찐 팥 시루떡과 난로회, 연포탕을 먹는다.

(17) 동지절식

동지는 '아세'라 하여 민간에서는 '작은설'이라 하였다. 일 년 중 낮이 가장 짧은 날이며 팥죽으로 역귀를 쫒았던 풍속이 있다. 팥죽이 대표 절식이며 찹쌀가루를 반죽하여 구슬처럼 빚은 새알심을 넣어서 쑤어 먹는다.

(18) 납향절식

동지가 지나고 3번째 미일을 '납일'이라 하여 한 해 동안 지은 농사형편을 여러 신에게 고하는 제사를 지냈다. 제물은 사냥해 온 멧돼지나 산돼지를 쓰며, 이를 '납향'이라 한다. 이외에 전략, 제육, 참새고기구이, 산토끼구이 등을 먹는다.

(19) 대회일

선달그믐을 말하며, 이날 밤 일년을 마무리하고 새로운 마음으로 새해를 맞이한다고 하여 '제야'라고 한다. 음식으로 잡과병, 주악, 떡국, 만두, 모듬전골, 통김치, 장김치, 전과, 수정과, 식혜 등을 먹는다.

## 4) 배선법

배선은 음식을 만들어 상차림을 할 때 상 위에 음식 그릇을 늘어놓는 것을 말한다. 배선은 음식을 먹을 사람이 먹기 쉬운 자리에 놓아야 하는 것이 원칙이며 국은 오른 편에, 국물이 있는 김치도 오른 편에, 밥과 국은 앞에, 마른 찬은 뒤 편으로 손이 자주 가는 찬은 오른 편으로 놓아야 한다.

죽상차림 반배도

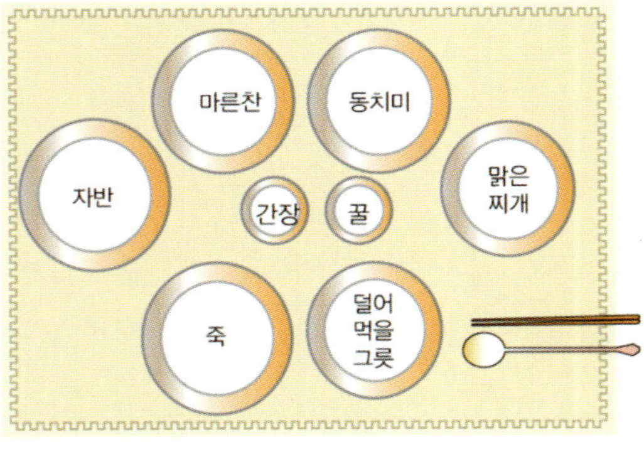


면상차림 반배도

박영희 외, 식생활관리, 지식인, 2013

### 5) 식탁 예법

음식을 대접할 때는 옛날에는 반드시 독상으로 차리는 것이 원칙이었으나, 점차 겸상에서 두레반 형식으로 바뀌게 되었다. 먹는 행위가 차차 사교성을 띠게 되고, 교자상을 차려 여럿을 한조로 하여 한 그릇에 담아 각자 덜어서 먹게 하는 형식으로 바뀌었다. 독상과 교자상이 장·단점이 있으나, 독상은 혼자 상을 받으므로 오붓하고 정갈하게 대접받을 수 있고, 차리는 사람의 수고와 재료가 많이 들며, 남은 음식의 처리가 곤란하다.

교자상 형식으로 손님을 초대할 경우 큰상에서 여럿이 먹도록 하며 각자 밥그릇, 국그릇, 빈 접시, 빈 보시기, 수저, 물그릇, 휘건 등을 배선하고 두레반처럼 음식을 큰 접시나 큰 합에 소담하게 담아서 웃사람 먼저 덜어 잡숫게 하고 음식을 돌린다. 음식이 잘되었어도 식탁 시중이 잘못되거나, 순서가 잘못되면 정성이 헛되이 되고 만다. 식탁 예법은 구미식을 받아 우리 예법에 맞추면 이상적이다.

잔치와는 달리 상사나 제사에는 뜻을 잊지 말고 예의를 지켜야 한다. 음식을 먹도록 하는 말씨에는 인품을 나타내므로 공손하게 해야 한다. 공식적인 잔치에 초대받으면 매우 부자연스러운 점이 있으나 의례의 뜻을 알아 알맞게 행동하고, 여러 사람과 그 분위기에 알맞은 예법을 잊지 말아야 한다. 우리나라는 조리를 담당하는 사람은 뒤에 밀려 자기가 만든 음식을 궁금하게 여기나, 외국에서는 조리사나 주방장을 손님에게 소개하고 칭찬하는 법은 배울 만하다.

옛날에는 상차림을 상다리가 휘어지게 차릴 정도로 어지럽게 많이 차려, 제 맛을 찾기가 어렵고 식곤증이 날 정도였다. 음식을 내는 법은 찬 것에서 더운 것으로 내고 과일, 과자, 떡, 화채는 식사가 끝난 후에 내는 것을 원칙으로 한다.

한국의 식사예절은 다음과 같다.

- 겸상일 경우에는 상·하 좌석은 위계를 갖추어 앉고, 웃어른이 수저를 드신 후 아랫사람이 먹는다. 식사 중에는 윗사람의 식사 속도에 맞추며, 식사를 끝낼 때에도 어른보다 먼저 수저를 내려놓지 않는다. 숟가락과 젓가락을 함께 들지 않으며, 밥과 국물이 있는 음식은 숟가락으로 먹는다.
- 자신이 사용한 수저로 밥이나 반찬을 뒤적거리지 않으며 깨끗이 먹는다.
- 식사 중 뼈, 생선가시 등은 상 위에 버려 더럽히지 말고, 옆 사람에게 안 보이도록 조용히 종이에 싸서 버린다.
- 여럿이 함께 하는 음식은 개인접시에 덜어서 먹고, 마시거나 먹는 소리, 수저 또는 그릇이 부딪치는 소리가 나지 않도록 주의한다.
- 먼 곳에 있는 반찬은 옆 사람에게 전해 받도록 하며, 지나치게 손을 뻗어서 먹지 않는다.

- 식사 후 수저를 처음 위치에 가지런히 놓고, 사용한 냅킨은 적당히 접어 상 위에 놓는다.
- 식사 중 기침, 재채기가 날 경우 얼굴을 옆으로 돌려 손이나 손수건으로 입을 가리고 실례가 되지 않도록 한다.
- 웃어른과 함께 식사를 할 때에는 웃어른이 수저를 든 다음 식사를 시작한다.
- 숟가락과 젓가락을 한 손에 다 같이 들고 사용하지 않도록 하고, 젓가락은 숟가락을 상에 놓은 후 사용해야 한다. 또한 상 위에서 젓가락 끝을 맞추는 소리를 내지 않도록 한다.
- 숟가락이나 젓가락을 국그릇이나 반찬그릇 위에 걸쳐놓지 않도록 하고, 밥그릇이나 국그릇을 손으로 들고서 먹지 않는다.
- 입속에 너무 많은 양의 음식을 넣지 말고, 입속에 음식을 넣은 채 말을 하는 것을 삼간다.
- 국물은 숟가락으로 떠서 먹되, 소리를 내지 않고 조용히 먹는다.
- 숟가락을 빨거나 젓가락으로 이 사이에 낀 음식을 쑤시지 않는다.
- 물을 마실 때 입속을 양치하듯이 소리를 내어 마시지 않는다.

제2장
한국퓨전요리

# 한국의 전통음식과 조리법

## 1. 한국의 전통음식

### 1) 궁중음식

우리나라의 문화는 왕의 통치 아래서 발달되어 왔다. 그 중에서 음식 문화는 모든 물자가 풍부하고 한국의 토산품이 총 망라된 궁중의 음식을 제일로 친다. 궁의 음식은 좋은 물자로 능숙한 주방나인과 숙수가 정성들여 만들고, 중국에서 들어온 음식법도 적절히 받아들였다.

궁중에서는 평상시 수라상을 차리는 것 외에도 왕과 왕비, 왕족의 탄신, 혼인에 진작, 진연, 진찬의 잔치를 베푸는 의식이 많았다. 또한 외국 사신을 접대하는 외래음식도 차렸다.

궁의 상차림은 다음과 같다.

- 어상 : 나라의 경사에 임금이 받는 상
- 수라상 : 임금과 왕비가 평소에 받는 진짓상(식전에는 초조반을 드시고, 점심에는 장국상을 드셨다. 수라상은 12첩으로 차린다.)
- 진연상 : 궁중의 경사(칠순, 육순, 탄신)나 외국 사신을 대접할 때 차리는 큰 잔치상

궁의 잔치 음식을 만들려면 작은 주방으로는 되질 않는다. 그래서 임시로 내숙설소를 설치하고 가가를 지어 잔치가 끝난 후에는 치워버린다. 그 규모는 큰 전각 가까운 대문 안의 적당한 곳에 크게 짓고, 백여 명의 숙수가 며칠을 두고 음식을 만들었다. 상차림에 있어서도 올라가는 상의 이름과 상의 수효, 음식의 가짓수와 분량이 모두 달랐다.

### 2) 반가음식

반가는 왕가와 서민도 아닌 양반층의 음식으로, 궁중을 출입하고 왕가와 인척 관계를 맺음으로 궁의 생활을 본받아 자연히 사치스럽다. 궁의 혼인제도는 반가에서 왕비, 세자빈을 간택하고 공주,

옹주는 반가로 시집을 보내니 자연 왕가의 풍속을 이어가게 되었다. 대가집의 음식솜씨는 시어머니, 며느리, 손주며느리의 손에서 손으로 전해지고, 또 필사본으로 음식 만드는 법을 적어 현재까지 전승되므로 바로 전통음식이라 할 수 있어 우리에게는 귀중한 자료가 된다. 반가음식은 평소 여자들이 만들었으나, 잔치나 제사 때는 남자 숙수들이 일을 하며, 찬 방에는 찬모, 반모, 무수리, 비자들이 일을 하고, 주인은 총감독을 하였다.

계급사회가 두드러진 왕권제도 하에서는 식솔을 많이 거느리고 우선 남자들부터 독상을 차리고, 그 상을 회선한 다음 아이들과 여자들이 나누어 먹고, 그 다음 일꾼이나 하인배들이 받아먹는 식습관이 있었다. 또 과객이나 식객을 대접하는 풍습도 있고, 거지에게도 중문 안에서 소반에 받쳐 밥술을 먹이는 것이 그 집안의 인심을 나타냈다.

반가 9첩 반상 반배도

1밥 2국 3휘건(냅킨) 4숙채 5생채
6간장 7초간장 8구이 9마른반찬
10젓갈 11편육 12구이 13장아찌
14전 15깍두기 16배추김치
17물김치 18찜 19빈접시 20찌개
21찌개 22전골 23찜

박영희 외, 식생활관리, 지식인, 2013

### 3) 옛날음식

한국의 식생활문화는 한국역사와 더불어 면면히 이어져 시대와 사회제도, 계급, 지역, 풍속, 식습관 등의 여건에 따라 영향을 받고 형성되었다. 대개 조선시대에 확고하게 조리법이 정착되었는데, 조선 중엽의 실학자와 규중부인들에 의해 책이 쓰여 많은 참고가 되었다.

옛 음식은 지금까지 전통을 이어오는 것도 있으나, 식품 분포가 바뀌어 없어진 것도 있다. 예를 들면 꿩, 개, 노루, 붕어, 자라, 동아, 박, 황화채, 메밀, 승검초, 치자, 송기, 산초, 마, 행인 등의 재료는 지금은 만들지 못하고 사라져가고 있다. 음식에 관한 것을 기록한 고서적은 많지 않으나, 그 중 남자들이 지은 책에는 명산품과 저장법을 주로 다루었고, 부인들이 지은 책에는 음식 만드는 법과 술 담는 법이 자세히 적혀있다.

## 4) 향토음식

우리나라는 삼면이 바다로 둘러싸여 있고 국토가 산으로 이루어진 여러 개의 산맥을 경계로 하여 지역마다 기후가 다르고 산출되는 식품이 다양하다. 향토음식은 그 지역의 자연환경과 사회·문화적 환경에 영향을 받으며 정착된 지역 고유의 토착음식을 말한다.

### (1) 서울 음식

서울은 조선시대부터 오백년 이상 동안 수도였으므로 조선시대의 요리 스타일이 많이 남아있다. 여러 가지 식료품이 서울로 집중되어 개성, 전주 지방과 같이 매우 다양하고 화려한 음식을 만들게 되었다. 서울의 음식은 고기, 생선, 채소 등의 재료를 골고루 사용하였고, 궁중음식이 반가에 전해져 궁중음식과 유사한 음식들이 많다. 서울에서 생산되는 음식의 재료는 별로 없으나, 전국 각지에서 가져온 여러 가지 재료를 활용하여 다양한 음식들을 만들었다. 또한 서울 음식은 짜지도 맵지도 않은 적당한 맛을 지니고 있다. 양반이 많이 살던 곳이라 격식이 까다롭고 맵시, 의례를 중히 여겼으며, 음식의 양은 적으나 가짓수가 많고 모양을 예쁘고 작게 만들어 맛을 많이 낸다.

대표적인 음식에는 주식으로 장국밥, 흑임자죽, 잣죽, 떡국, 국수장국, 비빔국수, 편수, 메밀만두, 꿩만두, 부식으로 설렁탕, 육개장, 신선로, 추어탕 갑회, 육포, 족편, 전복초, 홍합초, 너비아니, 떡집, 갈비찜, 편육, 어채, 구절판 그 외에 장김치, 약식 등이 있다. 떡은 각색편, 느티떡, 상추떡, 각색단자, 매작과, 각색엿강정, 각색다식, 각색전과 등이 있으며, 음청류는 오미자화채, 떡수단, 진달래화채, 원소병, 보리수단, 유자차, 당귀차, 제호탕, 모과차, 계피차, 오미자차, 구기자차 등이 있다.

### (2) 경기도 음식

경기도는 산과 강이 어우러져 있어 해산물과 산채, 농산물이 풍부하고 강원도, 충청도, 황해도와 접해 있어 그 지방의 음식과 공통점이 많고 이름도 유사한 경향이 있어 농수산물이 풍부하다. 대표적인 개성 음식은 정성이 많이 들어가고 재료도 다양하여 매우 화려하고 사치스럽다. 그러나 경기도 지방의 음식은 개성 음식을 제외하고는 비교적 소박한 편이고, 간은 세지도 약하지도 않은 중간이며 양념도 많이 쓰지 않는 편이다.

대표 음식은 주식으로 개성편수, 조랭이떡국, 제물칼국수, 부식으로 개성닭젓국, 홍해삼, 곤쟁이찌개, 호박선, 메밀묵무침, 개성무찜, 개성약과, 모약과, 보쌈김치, 비늘김치, 꿩김치, 순무김치가 있고, 떡으로는 수수부꾸미, 개성주악, 경단, 오메기떡, 장떡, 여주산병 등이 있으며, 음료로 모과화채, 배화채 등이 있다.

### ⑶ 강원도 음식

강원도는 산맥을 경계로 산간 지방과 해안 지방을 이루어 두 지역의 식생활에 차이가 있다. 영서 산간 지방은 감자, 옥수수, 콩, 메밀 등의 밭작물과 도토리, 칡, 두릅, 송이 등의 산채와 특용작물인 약초 등이 많고 이들을 이용한 음식이 발달하였다. 영동 해안 지방은 명태, 오징어, 미역 등의 수산물이 풍부하여 이를 가공한 황태, 건오징어, 건미역 등과 명란젓, 창란젓 등의 젓갈류를 담갔으며 이들을 가공한 식품과 젓갈류가 많다. 강원도의 음식은 사치스럽지 않고 소박하며 조개류 등을 넣어 음식 맛을 내고 감자, 옥수수, 메밀을 이용한 음식들이 많다.

대표 음식은 주식으로 강냉이밥, 찰수수밥, 팥국수, 감자수제비, 강냉이범벅, 메밀막국수, 부식으로 삼숙이탕, 감자부침, 오징어순대, 오징어구이, 명태식해, 참죽부각, 쇠미역튀각, 쇠미역쌈, 참죽자반, 올챙이묵, 명란젓, 창란젓총떡, 감자송편, 감자경단, 찰옥수수시루떡 등과 감자녹말송편, 옥수수설기, 무송편, 메밀전병 등이 있다.

### ⑷ 충청도 음식

충청도 지방은 지리적으로 볼 때 농업이 성하며, 산간 지방에는 산채와 버섯이 많다. 쌀, 보리, 고구마, 무, 배추, 목화, 모시 등의 농산물이 많고 늙은 호박을 많이 사용한다. 해안 지방에는 굴, 새우, 갈치, 숭어, 가오리, 조기, 꽃게 등의 수산물이 풍부하고, 내륙 지방에는 산채나 버섯 등이 많이 난다. 충청도 음식은 양념을 많이 사용하지 않고 간이 세지 않아 담백하고 소박한 맛을 내며, 양이 많고 맛이 순한 것이 특징이다.

대표 음식은 주식으로 날떡국, 호박범벅, 공주장국밥, 녹두죽, 부식으로 청국장, 호박지찌개, 청포묵, 열무짠지, 소머리떡, 호박굴단지, 시래기국, 무지짐이, 호박고지적, 상어찜, 게찜, 어리굴젓, 박김치 등이 있으며, 꽃산병, 약편, 곤떡, 해장떡, 쑥버무리, 수수팥떡, 질개떡 등이 있다.

### ⑸ 전라도 음식

전라도는 서해와 남해를 끼고 기름진 호남평야가 펼쳐져 있어 농·수산물이 풍부하고 음식이 매우 사치스럽다. 전라도 지방은 기후가 따듯하여 음식의 간이 센 편이고, 젓갈류와 고춧가루 등의 양념을 많이 넣는 편이라서 음식이 대체적으로 맵고 짜며 자극적이다.

대표 음식으로는 전주비빔밥, 추어탕, 낙지호롱, 홍어어시육, 고들빼기김치 등이 있다.

### ⑹ 경상도 음식

경상도 지방은 동해와 남해를 낀 좋은 어장을 가지고 있기 때문에 해산물이 풍부하고 낙동강의 풍부한 수량으로 주위의 평야를 기름지게 하여 농작물도 풍성하다. 음식은 대체로 간이 세고 매우며 투박하지만 칼칼하고 감칠맛이 있다.

대표 음식은 주식으로 안동건진국수, 밀면, 돼지국밥, 통영비빔밥, 무밥, 갱식 등이 있고, 부식으로 안동식혜, 곰장어요리, 동래파전, 추어탕, 아귀찜, 해물잡채, 콩잎장아찌, 곰치젓갈장아찌 등이 있고, 후식으로 모시잎송편, 만경떡, 진주유과, 우엉정과 등이 있다.

⑺ 제주도 음식

제주도는 지형의 특색에 따라 생활양식도 차이가 있다. 어촌은 해안에서 고기를 잡거나 해녀가 잠수어업을 하며 해산물을 얻고, 농촌은 콩, 보리, 조, 메밀 등의 잡곡과 고구마, 귤 등이 많다. 제주도 음식에는 채소와 해초가 주로 사용되며, 돼지고기와 닭고기는 편육으로 이용되고, 수산자원이 풍부하여 옥돔, 자리돔, 전복과 꿩이 흔하다. 음식은 재료가 가진 맛을 그대로 살리며 소박하고 꾸밈이 없고 맛은 비교적 짠 편이다.

대표 음식은 주식으로 전복죽, 돼지새끼죽, 메밀저배기, 깅이죽, 곤떡국, 부식으로 옥돔미역국, 옥돔구이, 자리물회, 상어지짐, 꿩적, 초기적, 상어산적, 고사리전, 자리젓, 꿩마농김치 등과 오메기떡, 빙떡, 상애떡, 유자청 등이 있다.

⑻ 황해도 음식

황해도는 곡창지대로 질 좋은 쌀의 생산량이 풍부하고 메조, 수수, 기장, 밀, 콩, 팥 등의 작물이 많이 생산된다. 옛날부터 인심이 좋고 생활이 윤택하여 음식의 양이 풍부하고 요리에 기교를 부리지 않으며 구수하면서도 소박하다. 송편이나 만두를 즐기고 주로 닭고기를 많이 쓰며, 맛은 짜지도 싱겁지도 않아 충청도 음식과 비슷하다. 김치에는 독특한 맛을 내는 향신채소를 사용하고 호박김치를 담가먹으며, 맑고 시원한 국물이 있는 동치미를 만들어 냉면국수나 찬밥을 말아 밤참으로 먹는다.

대표 음식은 주식으로 김치밥, 김치말이, 남매죽, 냉콩국수, 밀범벅, 부식으로 되비지탕, 행적, 청포묵, 돼지족조림, 고수김치, 김치순두부, 연안식해, 황해도고기전, 김치전, 분디장찌개, 호박김치 등과 닭알떡, 된장떡, 오쟁이떡 등이 있다.

⑼ 평안도음식

평안도의 자연 환경은 기후가 춥고 산세가 험하나 서해에 면하고 있고 들판도 넓어 밭곡식, 산채, 해산물 등이 풍부하며, 밭농사를 많이 하는 편으로 보리보다는 조를 많이 생산한다. 옛날부터 중국과의 교류가 많은 지역으로 진취적이고 대륙적이어서 음식의 솜씨도 먹음직스럽고 크며 푸짐하게 많이 만든다. 곡물 음식은 메밀로 만든 냉면과 만둣국처럼 가루로 만든 음식이 많고, 추운 지방이어서 육류 음식을 즐겨 먹으며 콩과 녹두로 만든 음식이 많다. 음식의 간은 대체로 싱겁고 맵지 않은 편이며 평양음식이 가장 널리 알려져 있다.

대표 음식은 주식으로 평양냉면, 온반, 닭죽, 생치만두, 굴린만두, 동치미냉면, 김치밥, 강량국수, 느릅쟁이국수, 부식으로 어복쟁반, 녹두빈대떡, 내포중탕, 무곰, 노티, 도라지산적, 순대, 가지김치, 송기떡, 노티 등이 있다.

(10) 함경도 음식

함경도는 지리적으로 춥고, 험악한 산간지대로 논농사는 적고 밭농사를 많이 하여 주로 콩, 조, 귀리, 수수, 피 등이 많이 생산되고 메조나 메수수 등이 타 지역과는 달리 맛이 좋다. 고구마와 감자도 풍부하며, 수산물로는 청어, 대구, 명태, 연어, 정어리, 넙치 등이 잘 잡힌다. 음식의 모양은 큼직하고 풍성하게 담고 사치를 부리지 않으며, 맛은 짜지 않으나 고추와 마늘 같은 양념을 많이 사용하여 강한 맛을 즐긴다. 특히 함경도 음식으로 가장 유명한 함흥냉면은 녹말로 국수를 만들고 생선회를 넣어 비벼먹는 것이 특징이다.

대표 음식은 주식으로 강냉이밥, 함흥냉면, 감자국수, 조밥, 기장밥, 감자막가리만두, 닭비빔밥, 오수수죽, 부식으로는 가자미식해, 도루묵식해, 북어찜, 태석, 섭죽, 되비지찌개, 동태순대, 북어전과 등과 가랍떡, 오그랑떡, 달떡, 보리감주 등이 있다.

## 2. 한국음식의 조리 기초

### 1) 조리의 기초

근대화라 함은 조직적이고 과학적이며 합리적이라는 뜻을 가지고 있다. 따라서 인간사회의 모든 생활은 합리적이어야 하겠으며, 특히 식생활은 인간의 생명을 유지하는데 절대적인 요건이므로 더욱 합리화되어야 한다. 식생활이 합리적으로 영위된다면 인간생활은 급속히 진보하고 복지사회를 이룩하기가 쉬울 것이다. 그 목적을 위해서는 식량증산을 개발하고 식품의 가공과 저장방법을 진보시켜야만 한다. 그 바탕이 되는 것이 영양학과 조리학인 것이다.

식품이 음식으로 완성되기까지의 과정에서는 능숙한 조리기술이 필요하다. 그 기술은 경험으로 연마되는 것으로 단시간에 쉽게 터득하기는 어렵다. 그러나 근대에는 학문을 바탕으로 지도하여 빠른 시간 안에 합리적인 방법을 익힐 수 있다. 그러나 그것은 손과 두뇌만 가지고 이루어지는 것이 아니고, 편리한 조리기구를 이용해야 하는 것이다.

근래 조리계의 새로운 경향은 급속한 사회 발달과 산업 발달로 인하여 필연적으로 단체 급식이 요망된다. 그리고 한국인의 좋지 못한 기호와 식습관을 조사 분석하여 구습에서 벗어나는 작업도 필요하다. 그러므로 동양과 서양의 식물사를 연구해야 하고, 이것을 위해서는 실제 답사를 하고 통계자료를 얻어야 한다. 여기서 동·서양의 식생활 형식의 다른 점을 뚜렷하게 알게 되고, 또 그것이 그 민족이나 나라가 가지고 있는 사상 내지 철학과의 관련을 찾아볼 수가 있다. 그래서 지역별 조리 기초 형태를 탐색해야 한다.

## 2) 기본 썰기

### (1) 둥글썰기

둥근 채소를 원하는 두께로 통째로 써는 방법이다. 이 방법은 재료나 요리의 특성에 따라 두께를 조절하며 오이생채, 호박전 등에 주로 이용된다.

### (2) 반달썰기

둥근 재료를 길이로 반을 가른 후 원하는 두께로 반달 모양으로 써는 방법이다.

### (3) 은행잎썰기

감자, 당근, 무 등의 재료를 길이로 4등분하여 원하는 두께로 은행잎 모양으로 써는 방법이다. 부채꼴썰기라고도 한다.

### (4) 얄팍썰기

재료를 원하는 길이로 자른 후 원하는 두께로 얇게 써는 방법이다. 주로 볶음이나 무침 등에 사용된다.

### (5) 어슷썰기

가늘고 길쭉한 재료를 칼을 옆으로 비껴 적당한 두께로 어슷하게 써는 방법이다. 주로 대파, 고추, 오이 등의 썰기에 사용된다.

### (6) 골패썰기

골패썰기는 무, 당근 등의 재료를 너비 1.5~2cm, 두께 0.3~0.5cm, 길이 3~4cm로 납작하게 써는 방법이다.

(7) 나박썰기

재료를 원하는 길이로 토막내어 정사각형으로 잘라 반듯하고 얇게 써는 방법이다. 나박김치나 무국에 주로 사용된다.

(8) 깍둑썰기

재료를 가로와 세로, 두께가 같도록 정육면체로 써는 방법으로 주로 깍두기, 찌개, 조림 등에 이용된다.

(9) 채썰기

얄팍썰기하여 이를 비스듬히 포개어 놓고 손으로 살짝 누르면서 가늘게 채 써는 방법이다. 고명용은 보통 0.1cm×0.1cm, 무생채, 도라지생채 등의 용도는 0.2cm×0.2cm, 잡채용은 0.3cm×0.3cm 두께로 썬다.

(10) 다져썰기

다져썰기는 채썰기를 가지런히 모아 직각으로 작게 써는 방법이다. 주로 파, 마늘 등을 다져 양념을 만드는데 사용된다.

(11) 막대썰기

긴 재료의 길이가 5~6cm 정도 되도록 자른 후, 적당한 굵기의 막대 모양으로 써는 방법으로 산적이나 숙장과를 만들 때 사용한다.

(12) 마구썰기

비교적 가늘고 긴 재료를 빙빙 돌려가며 한 입 크기로 각이 있게 써는 방법이다. 주로 채소의 조림에 사용된다.

(13) 깎아썰기

재료를 연필 깎듯이 돌리며 얇게 써는데, 칼날의 끝 부분을 사용하여 썬다.

(14) 도려내어썰기

각이 지게 썰어진 재료의 모서리를 제거해 둥글게 만드는 방법으로, 오랫동안 끓이거나 조려도 재료가 깨지지 않아서 조리 후에 음식이 보기 좋게 된다.

(15) 돌려깎기

둥근 재료를 길이 5~6cm 정도로 토막을 낸 뒤  껍질에 칼집을 넣고 얄팍하게 돌려가며 깎는다.

(16) 솔방울썰기

오징어를 손질할 때 모양내어 써는 방법이다. 오징어 안쪽에 사선으로 칼집을 넣은 후 다시 엇갈려 비스듬히 칼집을 넣어 살짝 데쳐서 모양을 낸다.

### 3) 기본 육수 만들기

(1) 소고기 육수 만들기

소고기를 이용하여 만든 육수는 어느 음식에 사용해도 잘 어울린다. 육수에는 소고기 양지와 사태를 사용하는데, 맛있는 육수를 만들기 위해서는 신선한 소고기를 선택하는 것이 중요하다.

(2) 닭고기 육수 만들기

닭은 노란 기름 부분을 떼고 찬물에 넣고 통째로 푹 끓여, 고기가 익으면 건져 내고 육수는 면보에 걸러 사용한다. 닭살은 잘게 찢어 양념하여 사용하기도 한다.

(3) 멸치 다시마 육수 만들기

멸치는 머리와 내장을 떼고, 다시마는 젖은 면보로 닦는다. 냄비에 멸치와 물을 붓고 끓으면 중불에서 5~10분 정도 끓이다가, 다시마를 넣고 불을 끈 다음 5분 정도 두었다가 면보에 걸러 사용한다.

### 4) 기본 양념 만들기

양념은 재료의 좋지 못한 향이나 나쁜 맛을 제거하여 맛을 돋우기 위하여 넣는 재료를 통틀어 이르는 말이다. 조미료는 기본적인 짠맛, 단맛, 쓴맛, 매운맛, 신맛의 다섯 가지 기본 맛을 보는 것으로, 음식에 따라 이 조미료를 적당히 첨가하여 알맞은 맛을 내는 것이다. 향신료는 재료 자체가 지닌 좋지 않은 냄새를 없애거나 감소시키고, 또한 특유한 향기로 음식의 맛을 더욱 좋게 한다. 또 다른 의미로 양념은 '이야기에 흥이나 재미를 더하는 재료를 비유적으로 이르는 말'로 사용되어 그 중요성을 알 수 있는 용어이다.

(1) 양념의 종류

한국음식의 기본양념에는 소금, 간장, 고추장, 된장, 식초, 설탕 등이 있으며, 향신료에는 생강, 겨자, 후추, 고추, 참기름, 들기름, 깨소금, 파, 마늘, 천초 등이 있다. 특히 한국음식은 한 가지의 양념을 쓰기보다 몇 가지를 조합하여 복합적인 맛을 내는 음식이 많아 다른 나라 음식들과 비교하여 깊은 풍미를 느낄 수 있다.

① 소금

음식의 맛을 내는 가장 기본적인 조미료로 짠맛을 낸다. 소금을 음식에 넣을 때는 처음부터 같이 넣으면 잘 무르지 않으므로 음식이 익은 다음에 넣는다. 소금과 설탕을 함께 사용할 경우에는 설탕을 먼저 넣는다.

소금의 종류에는 호염, 재염, 정제염, 재제염, 가공염이 있다. 호염은 천일염, 굵은소금이라고도 하며, 염전에서 모은 1차 제품으로 장을 담글 때나 김장배추 절일 때, 오이지 담글 때 사용한다. 재염은 호염에서 불순물을 제거한 것으로 채소나 생선 절임용으로 사용하고, 재제염은 재염에서 불순물을 제거한 것으로 꽃소금이라 하며, 색이 희고 입자가 고운 소금으로 음식에 직접 간을 맞출 때나 적은 양의 채소나 생선 절임에 쓰인다. 정제염은 식탁염으로 쓰이며, 정제 농도가 높고 고운 입자로 되어 있고, 음식의 간을 맞출 때나 식탁에서 사용한다. 가공염은 소금에 글루타민산 등의 화학조미료 1% 첨가한 맛소금, 죽염, 기타성분 첨가 소금 등이 있으며, 짠맛과 맛 증진을 위해 사용된다.

② 간장

간장은 콩으로 만든 우리 고유의 발효식품으로 양념인 동시에 부식으로써 우리의 식생활에 가장 중요한 위치를 차지한다. 간장 맛이 좋아야 맛있는 음식을 만들 수 있는 만큼 양념에 있어 중요한 역할을 한다. 간장을 담글 때는 메주 띄우기 및 메주와 소금물의 비율, 담그는 시기와 원하는 염도를 고려하여 비중계로 16~20Be에 맞추고, 숙성 중에는 관리를 잘해야 맛있는 간장을 얻을 수 있다.

간장은 메주를 소금물에 담가 숙성시킴으로써 아미노산, 당분, 지방산, 방향물질이 생겨 음식에 맛을 내게 되며, 오랫동안 묵은 진간장은 햇간장에 비해 색이 짙고 짠맛은 감소하면서 감칠맛이 난다. 햇간장과 묵은간장은 음식의 종류에 따라 구분해서 사용해야 하며, 오래된 진간장은 조림, 초, 육포 등에 사용하고, 그해에 담은 햇간장은 맑은 장국, 찌개, 나물무침에 사용한다.

③ 된장

된장은 한국음식의 기본 조미료일 뿐만 아니라 중요한 단백질의 공급원이다. 된장은 콩을 쑤어 메주로 띄운 다음, 소금물에 담가 숙성시킨 후 간장을 걸러내고 남은 건더기를 말한다. 단백질이 풍부한 식품이며 국, 찌개, 무침, 쌈장 등에 이용된다. 된장의 '된'은 되직하다는 뜻으로 찌개, 토장국, 상추쌈이나 호박잎쌈에 곁들이는 쌈장과 장떡 등에 이용된다.

④ 고추장

고추장은 우리 고유의 간장, 된장과 함께 발효식품으로 매운맛을 내는 복합 발효조미료이다. 또한 탄수화물의 가수분해로 생긴 단맛과 콩 단백에서 오는 아미노산의 감칠맛, 고추의 매운맛, 소금의 짠맛이 조화를 잘 이룬 식품으로서 조미료인 동시에 기호식품이다. 고추장은 고춧가루, 메줏가루, 찹쌀가루, 엿기름, 소금 등이 원료이며, 찹쌀 대신 멥쌀, 보리, 밀가루를 쓰기도 한다. 고추장찌개나 생선, 숙채, 조림, 구이 등의 조미료로 사용되고, 회나 강회 등의 초고추장, 비빔밥이나 비빔국수의 양념 고추장에도 쓰인다.

⑤ 고춧가루

고추는 잘 익어 윤택이 나며 색이 곱고 껍질이 두꺼운 것이 좋다. 태양에 말린 고추가 쪄서 말린 고추보다 비타민 함량이 훨씬 높으며 빛도 곱다. 재래종은 매운맛이 강하고, 풋고추는 매운맛이 적으므로 음식 종류에 따라 적당한 것을 선택해야 한다. 고운 가루는 고추장, 조미료용으로 사용하고, 중간 가루는 김치, 깍두기용, 굵은 가루는 여름 풋김치용, 실고추는 고명으로 사용한다.

⑥ 후추, 천초

후추는 특유의 향기와 자극으로 고기나 생선의 누린내, 비린내를 없애주는 향신료로서 식욕을 돋워준다. 검은 후춧가루는 후추의 열매가 덜 익었을 때 따서 건조시켜 껍질째 모두 갈아 만든 것으로, 색이 검고 매운맛이 강하다. 흰 후춧가루는 잘 익은 후추 열매를 껍질을 제거하고 만든 것으로 향미가 부드럽고 매운맛이 약하고 생선전유어, 닭고기 등 겉모양을 깨끗하게 유지하는 데에 사용한다. 통후추는 후추맛을 가미하고자 할 때 사용하며, 수정과나 국 종류에 이용한다. 천초는 산초의 다른 말로 잎, 열매 모두 향신료로 사용되며, 고추가 전래되기 이전에 음식의 매운맛을 내는 조미료로 많이 쓰였다. 매운맛과 독특한 향을 내며 추어탕이나 개장국 등 비린내가 나는 음식에 사용한다.

⑦ 겨자

겨자는 갓 씨앗을 가루로 만들어 사용하며, 매운맛 성분인 시그리닌을 분해시키는 효소인 미로시나제는 40℃ 정도에서 매운맛 성분이 활성화되므로 따듯한 곳에서 발효시켜야 하며, 여기에 식초, 설탕, 소금을 넣고 사용한다. 필요에 따라 닭국물, 잣즙 등을 섞어서 쓰기도 한다. 계피는 육계라고 하며 계수나무의 껍질을 말린 것을 빻아서 가루로 만들어 사용한다. 일반적인 요리에는 잘 사용하지 않으나 떡과 약식 등에 사용하기도 하고 편육, 유과류, 정과류, 강정류, 수정과 등에 많이 쓰인다.

⑧ 식초

식초는 곡물과 과일을 발효시켜 만든 것으로 신맛을 내는 조미료이다. 식초는 음식에 청량감을 주고 식욕을 증가시키며, 소화·흡수를 돕고 대개 차가운 음식에 넣는다. 음식의 살균·방부 효과도 있어 생선에 사용하면 비린내를 제거하고 단백질 응고를 돕는다. 생채, 겨자채, 냉국 등에 넣어 신맛을 내는데, 식초를 음식에 넣을 때는 맨 마지막에 넣어야 식초 특유의 신맛과 상큼한 맛을 즐길 수 있고, 녹색 채소의 엽록소가 누렇게 변색되는 것을 방지할 수 있다.

⑨ 기름

참기름은 참깨를 볶아 짜서 만드는 것으로 고소한 맛과 향을 낼 때 쓰이며, 특히 나물을 무칠 때, 약과, 약식 등을 만들 때 쓰인다. 참기름은 불포화지방산이 많고 발연점이 낮아 튀김기름으로 쓰지 않으며 거의 모든 음식에 넣는다. 들기름은 들깨를 짜낸 기름으로 나물 볶을 때 많이 사용하며, 오래두면 산패되기 쉬우므로 즉시 먹는 것이 좋다. 산나물 무침, 김구이에 주로 사용된다. 콩기름은 전유어, 튀김용으로 적당하고 콩으로 만든 무색, 무미, 투명한 것이 좋다. 그 외에 같은 용도로 채종유, 면실유, 미강유 등이 쓰인다.

⑩ 깨소금, 들깨가루

깨소금은 잘 익은 참깨를 씻어 물기를 뺀 다음 깨알이 팽창되게 볶아 적당하게 빻아서 잘 밀봉하여 사용한다. 들깨는 주로 거피하여 가루를 낸 다음 조림이나 찌개, 전골 등에 쓰인다.

⑪ 설탕, 조청, 꿀

설탕은 사탕수수나 사탕무의 즙을 농축시켜 만든 천연 감미료로 정제 정도에 따라 백설탕, 황설탕, 흑설탕으로 나뉜다. 설탕은 160℃ 이상의 고온에서 분해시켜 캐러멜을 만들어 일종의 천연색소로도 사용된다. 조청은 곡류를 엿기름으로 당화시켜 오래 고아 만든 묽은 엿으로 한과류와 밑반찬에 많이 사용한다. 꿀은 과당으로 구성된 천연 감미료로서 흡수성이 커 음식에 넣으면 촉촉한 질감을 주며 윤기가 나게 한다. 강정, 정과, 유밀과, 다식 등의 한과와 화채 등의 음료를 만들 때 사용한다. 물엿은 녹말을 당화효소 또는 산으로 분해시켜 만든 감미료로 설탕에 비해 감미도가 1/3 정도 낮으며 흡습성이 있다.

⑫ 파, 마늘, 생강

파는 휘발성 물질을 함유하고 있어 독특한 맛과 자극성이 있는 향으로 향신료 중에 가장 많이 쓰이며, 특히 고기의 누린내와 생선의 비린내를 제거해 준다. 파의 흰 부분은 다지거나 채 썰어 양념으로 쓰는 것이 적당하고, 파란 부분은 크게 썰어 찌개나 국에 넣는다. 파의 매운맛을 내는 물질은 가열하면 향미 성분은 부드러워지고 단맛이 강해진다.

마늘의 매운맛 성분에는 알리신이라는 휘발성물질이 들어 있어 비타민 $B_1$의 흡수를 촉진할 뿐만 아니라 소화를 돕는다. 육류의 누린내와 생선의 비린내, 채소의 풋내를 가시게 하고 김치 담글 때 없어서는 안 되는 조미료이다. 음식의 양념으로 다져서 쓰고, 고명으로는 통째로 쓰거나 얇게 저며서 곱게 채 썰어 사용한다.

생강 특유의 향기와 쏘는 듯한 맛은 어패류나 육류의 비린내를 없애주고 조직을 연하게 한다. 육류나 어패류를 조리할 때는 재료가 어느 정도 익은 후에 생강을 넣는 것이 효과적이다. 생강은 매운맛 성분은 적당량이면 식욕증진에 도움을 준다. 매작과, 약과 등에는 즙을 만들어 사용하고 수정과, 식혜 등에는 얇게 저며 사용한다.

⑬ 젓국

젓국은 새우젓, 멸치젓, 조기젓 등이 있으며 김치에 주로 쓰인다. 김치 이외의 음식을 만들 때는 새우젓을 많이 사용한다. 새우젓은 찌개, 나물 등의 간을 맞출 때 소금 대신 사용하면 감칠맛을 낸다. 그리고 돼지고기 편육을 먹을 때 새우는 젓은 고춧가루, 마늘, 파 등을 넣어 만든 것을 곁들인다. 또한 두부새우젓국찌개는 국물을 맑게 하기 위해 새우젓을 다져 국물만 꼭 짜서 사용한다.

⑵ 양념장의 종류

① 간장 양념

양념간장은 간장에 설탕, 다진 마늘, 다진 파, 깨소금, 참기름, 후춧가루 등을 넣어 만든 것으로, 주로 불고기의 양념에 사용하거나 전 요리에 곁들이는 용도로 사용한다. 초간장은 간장에 식초, 설탕, 꿀, 청주, 참기름, 물 등을 넣어 만든 것으로 소고기, 돼지고기, 닭고기 등을 조릴 때 사용한다.

유장은 참기름에 간장을 조금 섞은 것으로 생선이나 더덕 등을 초벌구이 할 때 쓰이며, 탕평채의 녹두묵 양념에도 사용한다.

② 고추장 양념

초고추장은 고추장에 식초, 설탕, 마늘, 생강즙, 깨소금, 참기름 등을 넣어 만든 것으로, 생선회나 파강회 등에 사용한다. 식초 대신 레몬즙을 넣으면 상큼한 향을 돋울 수 있다. 약고추장은 다진 소고기 양념한 것을 냄비에 볶다가 고추장, 설탕, 물을 넣어 만든 것으로, 볶음 고추장이라고도 한다. 센 불에 볶으면 타므로 중간불에서 나무주걱으로 저어가면서 만든다. 비빔밥용으로 많이 이용되며, 밑반찬이나 쌈장으로도 쓰인다. 쌈장은 된장과 고추장을 1:1의 비율로 섞은 것에 다진 소고기 양념한 것과 달래, 풋고추 등의 채소를 넣고 끓여서 만든 것으로 소고기 대신 조갯살, 멸치가루 등을 이용해도 좋다. 쌈장은 상추 등 쌈을 먹을 때에 곁들인다.

③ 기타 양념

겨자즙은 겨자를 발효시켜 식초, 설탕, 소금 또는 간장 등을 넣어 만들며, 겨잣가루는 40℃ 이상에서 발효시켜야 매운맛이 활성화되며, 구절판이나 냉채 등에 곁들여 먹는다. 잣즙은 잣가루에 육수, 소금, 참기름, 후춧가루를 넣어 만든 것으로 대하냉채 등에 곁들인다. 단초장은 식초, 설탕, 물, 소금을 넣고 만들며, 오이선 등에 끼얹어 낸다.

● 겨자즙 만들기

겨자즙은 생채나 숙채에 곁들이는 양념장으로, 겨잣가루에 40℃의 따듯한 물을 2/3의 비율로 넣고 섞어 상온에 한 시간 정도 두거나, 김이 오른 냄비 위에 엎어 10분 정도 발효시켜 사용한다. 겨자는 발효하여 양념한 후 구절판, 겨자채, 각종 양념장에 사용하는데, 그냥 사용하는 것보다 발효시켜 사용하는 겨자가 훨씬 매콤하다.

● 간장 양념 만들기

소고기 양념에 사용되는 간장 양념은 소고기 300g 기준일 때 간장 36g(2큰술), 설탕 12g(1큰술), 다진파 14g(1큰술), 다진마늘 16g(1큰술), 깨소금 3g(1/2큰술), 후춧가루 0.5g(1/5작은술), 참기름 13g(1큰술)을 넣고 고루 섞어 만든다. 배즙과 양파즙을 넣기도 한다(불고기 양념 기준).

● 초간장 만들기

초간장은 전류 또는 부침류 등에 곁들이는 양념장으로, 간장 18g(1큰술)과 식초 15g(1큰술), 물

15g(1큰술)을 넣고 고루 섞어 만든다.

● 초고추장 만들기

초고추장은 주로 회를 먹을 때 곁들이는 양념장으로, 고추장 38g(2큰술)과 식초 15g(1큰술), 설탕 6g(1/2큰술)을 넣고 고루 섞어 만든다.

● 약식 소스 만들기

냄비에 설탕 24g(2큰술)을 넣고 중불에 3분 정도 올려 설탕이 녹으면 식용유 4g(1작은술)을 두르고, 설탕이 녹아 갈색물이 생기면 녹말물(녹말가루 2g(1/2큰술), 더운물 45g(3큰술)을 넣어 잘 저어 1분 정도 끓여 약식 소스를 만든다.

● 강정 시럽 만들기

냄비에 물 5g(1작을술), 설탕 12g(1큰술), 물엿 28.5g(1½큰술)을 넣고 중불에 올려 1분 정도 끓여 시럽을 만든다.

### 5) 고명 만들기

고명은 음식의 겉모양을 아름답고 깨끗하게 장식하기 위하여 음식 위에 뿌리거나 덧붙이는 것을 말하며 '웃기' 또는 '꾸미'라고도 한다.

(1) 달걀지단 만들기

① 달걀을 흰자와 노른자로 나누어 소금간을 약간 한다.
② 흰자는 알끈을 떼고, 거품이 일지 않게 적당히 저어 체에 내린다.
③ 팬을 달구어 기름을 약간 두르고 약한 불에서 흰자, 노른자를 각각 넣고 원하는 두께로 황·백 지단을 부친다.
④ 부쳐진 지단은 충분히 식힌 후 골패형, 마름모꼴, 채썰기 등 원하는 방법으로 썰어 고명으로 이용한다.

(2) 미나리촛대 만들기

① 달걀물과 밀가루를 준비한다.
② 미나리는 잎과 뿌리를 떼어 줄기 부분만 잘라 가지런히 꼬지로 양 끝을 꿰어 고정한다.

③ 밀가루를 묻히고 달걀물을 적신 후 팬을 달구어 기름을 두르고 약불에서 지진다.

④ 부쳐진 초대는 식힌 후 골패형, 마름모꼴 등으로 다양하게 썰어 고명으로 이용한다.

(3) 고기 완자 만들기

① 소고기는 핏물을 닦고 곱게 다진다.

② 두부는 물기를 뺀 후 곱게 으깬다.

③ 두부에 소고기를 넣고 소금, 파, 마늘, 참기름, 후춧가루, 깨소금으로 양념한 후 고르게 섞는다.

④ 양념한 고기를 지름 1.5~2cm로 빚어서 밀가루와 달걀물을 씌운다.

⑤ 팬이 달구어지면 기름을 두른 후 약불에 굴려가며 익힌다.

(4) 버섯 고명 만들기

① 표고버섯은 미지근한 물에 담가 충분히 불려서 꼭지를 잘라내고 용도에 따라 채 썰거나 2등분, 4등분하여 사용한다.

② 석이버섯은 따듯한 물에 불려 뒷면의 이끼와 뿌리를 깨끗하게 제거하고, 돌돌 말아서 용도에 맞게 채 썰거나 마름모꼴로 썰어 참기름에 볶아서 고명으로 사용한다.

③ 목이버섯은 미지근한 물에 불려 손으로 뜯어서 기름에 볶아 사용한다.

(5) 채소 고명 만들기

① 청·홍고추 : 어슷썰기를 하거나 길이로 반을 잘라 씨를 빼고 넓게 펴 채 썰거나 골패형, 마름모꼴로 썰어 고명으로 사용한다.

② 건홍고추 : 씨를 제거한 후 어슷썰거나 채 썰어 실고추를 만들어 고명으로 사용한다.

③ 오이, 호박 : 소금으로 씻은 후 돌려 깎기 후 채 썬 다음, 소금에 절여 볶아 사용한다. 골패형, 마름모꼴로 고명으로 사용한다.

④ 실파 : 깨끗이 씻은 후 송송 썰거나 원하는 길이로 잘라 사용한다.

(6) 견과류 고명 만들기

① 은행 : 겉껍질을 제거한 후 팬을 달구어 기름을 두르고 은행을 볶아, 뜨거울 때 면보나 키친타월로 비벼 껍질을 벗긴 후 고명으로 사용한다.

② 호두 : 따듯한 물에 담가 충분히 불린 후 꼬지로 속껍질을 벗겨 사용한다.

③ 대추 : 젖은 면보로 닦아 살만 돌려 깎아 밀대로 밀어 편 후, 채 썰거나 말아 썰어 꽃 모양을 내

는 등 다양한 모양을 내어 고명으로 사용한다.

④ 잣 : 면보나 키친타월로 닦은 후 고깔을 떼고, 그대로 사용하거나 반을 갈라 비늘잣으로 사용한다. 또는 다지거나 빻아서 잣가루로도 사용한다.

⑤ 밤 : 껍질을 벗긴 후 저며 썰거나 채 썰어 사용한다.

⑥ 호박씨 : 젖은 타월로 닦은 후 그냥 사용하거나 반으로 갈라 사용한다.

⑦ 고기고명 : 소고기를 곱게 다져 양념하여 볶은 다음 다시 더 다져서 국수장국 등의 고명으로 쓴다. 또는 소고기를 가늘게 채 썰어 양념하여 볶은 후 떡국 등의 고명으로 쓴다.

⑧ 알쌈 : 소고기를 곱게 다져 양념한 후 콩알만큼씩 둥글게 빚어 팬에 지져 소를 만든다. 달걀을 풀어 팬에 한 숟가락씩 놓은 다음, 너무 익기 전에 소를 넣고 반 접어 반달 모양으로 지진다. 신선로, 된장찌개의 고명으로 쓰며 술안주로도 쓴다.

⑨ 통깨 : 알이 굵은 참깨를 골라 물에 담가 불린 다음, 양이 적을 때는 손으로 문질러서 하얗게 껍질을 벗기고, 많을 때는 물기가 있는 채로 절구에 넣고 살살 쓸어서 물에 담가 껍질을 일어 건져 볶아서 쓴다. 보통은 껍질을 벗기지 않고 사용한다. 통깨는 그대로 쓰거나 소금을 조금 넣어 빻아서 쓰기도 한다.

⑩ 감국잎 : 국화잎을 씻어 녹말을 묻혀 끓는 물에 데친 다음, 찬물에 헹궈 채반에 건져 고명으로 쓴다.

⑪ 산초 : 산초는 열매와 잎사귀 전부를 향신료로 쓴다. 어른 싹으로서 부드럽고 싱싱한 것이 양질이며 방향이 좋다. 익으면 열매를 건조시켜 가루로 만들어 비린내나 기름기를 없애는데 사용한다. 건위와 구충작용을 한다.

⑫ 초간장 : 초간장은 간장과 식초를 주재료로 하여 만든 양념간장으로, 식초에 설탕을 타서 잘 저은 다음, 간장을 넣고 잘 섞은 뒤 잣가루를 넣어 만들며 주로 전에 곁들인다. 또는 파의 흰 부분을 곱게 다져 식초, 고춧가루, 간장, 설탕, 깨소금을 넣어 고루 섞어 만들기도 하는데, 굴회에 곁들인다. 그밖에 식초나 여름 귤의 신맛을 이용하여 귤즙을 만들어 간장, 설탕, 꿀, 곱게 다진 파를 넣어 섞어 만들기도 하는데, 편육이나 전을 곁들인다.

⑬ 초고추장 : 초고추장은 고추장과 식초를 주재료로 하여 만든 양념 고추장으로, 식초나 밀감즙에 꿀을 넣어 잘 저은 다음, 고추장, 배즙, 생강즙을 넣어 잘 저은 후 참기름 한두 방울을 떨어뜨려 만들며 육류회나 어패류회에 곁들인다. 그 밖에 식초에 설탕을 넣고 잘 저은 다음, 고추장과 간장을 넣어 만들기도 하는데, 주로 강회에 곁들인다.

## 3. 지역별 특징 및 음식

### 1) 서울

(1) 지역적 특징

서울은 오백년 이상의 도읍지였기 때문에 아직도 조선시대 음식의 특징이 남아 있다. 서울지역에서 생산되는 산물은 별로 없으나, 중심도시였기 때문에 전국 각지에서 생산된 각종 산물들이 집결되어 다양하고 화려한 음식을 만들었다. 양념은 곱게 다져서 쓰고 짜지도, 맵지도 않은 중간 정도의 간을 하여 그 맛은 담백한 편이며 말린 생건자반이나 장아찌 등 밑반찬의 종류 또한 많은 편이다.

서울은 반가와 중인요리가 그 전통을 이어가면서 향토음식으로 정착되었다. 왕족과 양반이 많이 살던 지역이어서 격식이 까다롭고 맵시를 중요시하는 음식이 많으며, 외국 사신들의 왕래도 번번하여 화려한 멋과 의례를 중시하는 풍이 음식에 나타나 음식들의 크기가 작다. 또한 모양을 예쁘게 하여 멋을 내며 양은 적고 가짓수를 많이 하는 특징이 있다. 떡도 모양에 기교를 부려 한 입에 먹을 수 있는 크기로 빚었으며 손이 많이 가는 정성을 담아 멋을 냈다. 이 서울음식은 조선시대의 궁중음식과 비슷한 것이 많이 있으며 반가음식도 매우 다양하다.

(2) 대표적인 서울음식

① 주식류 : 장국밥, 국수장국, 메밀만두, 떡국, 편수, 규아상, 비빔국수, 잣죽, 대추죽, 흑임자죽 등

② 찬류 : 신선로, 꼬리곰탕, 애탕, 설렁탕, 임자수탕, 초교탕, 어글탕, 각색전골, 육개장, 선지국, 청진동해장국, 두부추탕, 각색전, 화양적, 갑회, 탕평채, 너비아니, 닭찜, 떡찜, 갈비찜, 도미찜, 잡채, 겨자채, 어채, 구절판, 오이선, 홍합초 등

③ 김치류 : 통배추김치, 백김치, 나박김치, 장김치, 숙깍두기, 감동젓무, 오이소박이, 섞박지 등

④ 병과류 : 송편, 두텁떡, 화전, 약식, 느티떡, 매작과, 약과, 각색다식, 각색엿강정, 각색정과, 율란, 조란, 생강란 등

⑤ 음청류 : 식혜, 오미자화채, 보리수단, 원소병, 배숙, 오미자화채, 한방차류 등

⑥ 주류 : 문배주, 송절주, 태릉상해주 등

(3) 서울의 별미음식

● 생치만두

삶아 다진 꿩고기로 소를 싸서 메밀가루를 묻힌 뒤 끓는 육수에 삶아낸 만두의 일종이다.

• 신선로

궁중음식의 진수로 열구자탕이라고 하며 영양적, 시각적으로도 으뜸으로 꼽는 일종의 전골이다.

• 임자수탕

삶아 찢은 닭고기와 고명을 고루 얹어 곱게 갈아 체에 거른 깻국을 부어 먹는 복날 음식이다.

• 초교탕

삶아 찢은 닭고기와 도라지, 표고버섯, 미나리 등을 합하여 밀가루와 달걀을 풀어 섞은 뒤 한 수저씩 끓는 장국에 피를 넣어 익히는 궁중음식이다.

• 어글탕

북어껍질에 소를 넣고 달걀옷을 입혀 지져낸 다음, 끓는 육수에 넣어 끓이는 궁중음식이다.

• 어치

생선에 녹말옷을 입혀 데쳐서 다른 오방색 채소와 함께 차게 먹는 일종의 생선 숙회이다.

• 장김치

배추와 무를 간장으로 절이고 갖은 양념과 배, 밤, 잣, 석이와 표고버섯 등을 넣어 간장으로 간을 맞춘 호화로운 궁중의 물김치이다.

• 울란, 조란, 강란

밤과 대추, 생강을 곱게 다진 후 각각 꿀로 조린 다음 다시 제 모양대로 빚어 만든 숙실과로 궁중의 후식이다.

• 원소병

소를 넣고 익힌 찹쌀 경단을 꿀물에 띄워내는 음료이며, 중국에서는 정월 보름에 먹던 절식이다.

## 2) 경기도

### (1) 지역적 특징

경기도는 한반도 중심부에 위치해 해안 지방은 해산물, 산간 지방은 산나물이 풍부하고 경기, 김포, 평택 평야 등 토질이 비옥하여 질 좋은 밭작물과 벼농사가 활발하여 여러 가지 농산물을 고루 생산한다. 쌀, 보리, 콩, 땅콩, 옥수수, 산나물, 들나물, 재배채소 등의 농산물과 배, 복숭아, 포도 등의 과일들이 많이 생산되며, 특목작물로는 화초, 약초, 담배, 인삼, 왕골 등이 있으며, 수산물로는 조기, 갈치, 가자미, 꽃게, 병어, 새우, 홍합, 바지락 등이 있다. 강원도, 충청도, 황해도와 접해 있어 그 지방의 음식들과 공통점이 많고 이름도 비슷한 것이 많은 편인데, 개성을 제외하고는 대체로 소박하고 수수하며 양이 많은 편으로 간은 중간 정도이고 양념을 많이 쓰지 않는다. 주식은 오곡밥과 찰밥을 즐기고 제물에 끓인 칼국수나 메밀칼싹두기와 같은 국물이 걸쭉하고 구수한 음식이 많다. 농촌에서는 호박, 강냉이, 밀가루, 팥 등을 섞어 범벅이나 풀떼기, 수제비 등을 구수하게 잘 만든다.

고려시대의 중심도시였던 개성의 음식은 서울음식, 전주음식과 더불어 가장 화려하고 다양하며, 그 호화로움과 사치스러움이 궁중요리에 비길 만하다. 음식을 만들 때는 여러 가지 재료를 사용하고 정성을 많이 들인다.

⑵ 대표적인 경기도음식

① 주식류 : 팥밥, 오곡밥, 팥죽, 뱅어죽, 개성편수, 조랭이떡국, 제물칼국수, 칼싹두기, 냉콩국수 등

② 찬류 : 삼계탕, 곰탕, 갈비탕, 개성닭젓국, 냉이도장국, 민어탕, 감동젓찌개, 개성종갈비찜, 수원왕갈비, 홍해쌈, 미꾸라지털래기, 누지찜, 호박선, 백암순대, 두릅회, 메밀묵무침, 올방개묵무침, 주꾸미조림, 장떡, 빈대떡 등

③ 김치류 : 개성보쌈김치, 비늘김치, 꿩김치, 순무김치, 순무섞박지, 용인외지, 게걸무김치 등

④ 병과류 : 개성경단, 개성주악, 증편, 근대떡, 개떡, 수수부꾸미, 수수도가니, 쑥구리단자, 여주산병, 식단병, 개성모약과, 인삼정과, 송화다식 등

⑤ 음청류 : 모과청화채, 오미자화채, 백화채, 호박식혜 등

⑥ 주류 : 하향주, 화상부의주, 광주산성소주, 이동막걸리, 군포당정옥로주, 인천칠선주, 동동주 등

⑶ 경기도의 별미음식

● 칼싹두기

메밀가루를 익반죽하여 조금 뜨겁게 밀어 5cm 너비로 썰고 소고기장국에 넣어 끓인 것으로 일명 '칼제비'라고도 한다.

● 올방개묵무침

어느 논에서나 쉽게 볼 수 있는 올방개를 녹말로 쑨 묵이다. 메밀묵보다 훨씬 쫄깃쫄깃하며 색도

연한 편이다.

● 게걸무김치

경기도 이천에서 생산되는 무인 개걸무를 소금에 절여 만든 무김치이다.

● 개떡

곡식가루와 쑥 등을 반죽하여 찌거나 구워 만든 구황음식의 하나이다. 메밀가루를 꿀물에 섞어 죽을 쑤어 뭉근한 채 장작불 속에 떨어뜨려 자연히 그슬려 구워진 것을 재를 털고 꿀을 찍어 먹는다.

● 수수도가니

햇곡식 중 제일 먼저 여무는 햇수수로 만드는 찐 떡의 일종으로, 햇수수의 고운 가루를 익반죽하여 시루에 풋콩과 수수반죽을 번갈아 안쳐서 찐 떡이다.

● 석탄병

멥쌀가루와 감가루를 반반 섞고 설탕물을 넣어 채에 내린 떡가루에 잣가루, 생강, 녹말, 계피가루, 대추, 밤들을 섞고 녹두고물을 얹은 후 다시 가루를 넣고 고물을 얹어 켜를 놓아 찐 떡으로, '삼키기가 아깝다'고 하여 석탄이란 이름이 붙었다.

● 여주산병

흰떡을 얇게 밀어 거피팥고물 소로 넣고 껍질을 맞 덮어 큰 보시기와 작은 보시기로 각각 찍어 크게 접은 떡을 구부리고, 그 안에다 작게 접은 떡을 구부려 넣고 네 끝을 한데 모아 붙여 돌잔치 등편의 웃기로 쓰인다.

● 개성모약과

밀가루에 참기름을 넣고 고르게 비빈 것에 생강즙, 꿀, 술을 넣어 손가락으로 버무려 뭉친 다음, 방망이로 밀어 반대기를 지어서 4cm 정도의 사각형으로 썰어 기름에 튀겨 집청꿀에 넣었다가 잣가루를 뿌린 것으로 '네모난 모양의 약과'라는 뜻이다.

● 조랭이떡국

조랭이떡국은 새해 아침 한해의 안녕을 기원하면서 누에고치 모양으로 만든 개성 지방의 음식이다. 누에고치의 실처럼 한해의 일이 술술 잘 풀리라는 기원의 의미가 있으며, 한편으로는 이성계에 대한 고려 사람들의 원망의 뜻을 담은 떡국이라는 설도 있다. 또한 아이들의 설빔에 주머니 끈이나 옷끈에다는 조롱박이 액막이를 한다하여 조롱박 모양과 비슷한 조랭이 떡국을 끓여 먹었다고 한다. 남은 조랭이떡은 냉동 보관하며 미리 찬물에 담갔다가 끓인다. 쌀가루를 쪄서 절구에 오래 쳐야 쫄깃해지며 만드는 동안 흰떡이 굳지 않도록 김 오른 찜통에 젖은 면보로 덮어둔다. 떡국 고명으로는 고기산적, 달걀 황백지단, 양념한 편육 채, 구운 김을 부수어 얹기도 하고, 손쉽게 달걀 줄알을 치기도 한다.

● 개성종갈비찜

개성종갈비찜은 개성무찜이라고도 하며 무에 소고기, 돼지고기, 닭고기와 표고버섯, 밤, 대추, 은행, 호두 등을 함께 넣고 은근히 졸여내는 음식으로 무에 고기맛이 배어들어 무맛이 일품이다. 개성 지방의 종가집에서 경사스러운 날이면 손님들에게 대접하는 화려한 음식이다. 반가에서는 '갈비'를 '가리'라고 불렀다.

● 홍해쌈

홍해쌈은 곱게 다진 소고기로 해삼과 홍합을 싼 다음, 찜통에 쪄서 번철에 지져낸 개성 지방의 화려한 찬물이다. 해삼과 홍합이 각각 남녀를 상징하는 것으로, 썰어서 상에 올렸을 때 진귀한 조화로움을 나타낸다. 겉의 소고기 옷을 꼭꼭 주물러 잘 입혀야 쪄냈을 때 벌어지지 않는다. 통째로 꼬치에 꿰어서 제사상이나 고배상에 올리기도 한다.

● 족편

족편은 굳혀서 썰은 모양이 떡처럼 보인다하여 '족병문화' 또는 '교병'이라고 하며, 궁중 연회나 일반 민가의 잔치음식으로 이용되었던 일종의 동물성 묵이다. 오방색으로 수놓은 고명의 화려함이 맛과 멋을 한층 더 돋우는 찬품이다. 족편의 굳힘을 더 강하게 하기 위해서 한천이나 젤라틴을 녹여서 첨가하면 좋다. 연겨자 대신 겨자가루를 물로 개어 따듯한 곳에 두었다가 매운맛이 나면 물, 설탕, 소금, 간장으로 간하고 식초로 농도를 맞추어 사용한다.

● 개성보쌈김치

개성보쌈김치는 배춧잎을 절여 여러 가지 해물, 채소, 과일 등 산해진미의 속 재료를 넣고 꼭꼭 싸서 담근 화려한 김치로, 맛과 영양이 풍부하다. 속 재료들을 먹기 좋은 크기로 썰어 양념에 버무려 담가 손이 많이 가지만, 상에 낼 때는 썰 필요 없이 하나씩만 담아내므로 편리하다. 원래 개성 지방에서는 잎이 넓은 개성배추로 담그는 '쌈김치'가 보쌈김치로 이름이 바뀌었다 한다. 3일 후 국물을 부을 때 양지머리 육수나 다시마 육수, 북어 육수를 사용하여 새우젓국으로 간을 맞추기도 한다.

### • 강화순무김치

강화순무김치는 배추꼬리의 달짝지근한 맛과 인삼의 쌉싸름한 맛, 겨자의 특이한 향을 가지고 있는 강화 지방의 순무로 담근 김치이다. 순무는 이뇨와 소화작용을 돕고 숙취와 갈증 해소, 눈과 귀를 밝게 하는 효능을 가지고 있다. 순무는 봄과 가을에 두 번 파종하여 수확하는데, 모양이 삼각형으로 무청의 길이가 길며 겉은 적자색이나 속은 흰색을 띠고 있다.

### • 수삼나박지

수삼나박지는 납작납작하게 썬 수삼과 무, 오이, 배에 수삼의 잔뿌리를 갈아 국물로 넣고 만든 국물김치로, 담백하고 싸한 맛이 감도는 기품 있는 찬물이다. 주로 교자상, 떡상, 죽상차림에 곁들인다. 수삼은 잔뿌리가 많지 않고 전체적으로 몸통 굵기가 고른 것이 좋다. 식성에 따라 대파 흰 부분과 미나리, 생강, 마늘을 약간 넣기도 한다.

### • 감동젓무

감동젓무는 아주 작고 연한 새우젓인 곤쟁이젓, 즉 감동젓으로 담근 깍두기를 말한다. 섣달그믐쯤에 묻어둔 무를 꺼내 골패 쪽으로 썰어 곤쟁이젓을 넣고 갖은 해물과 과실을 넣어 만든 세찬으로, 귀한 선물용으로도 보내주던 김치이다. 이른 봄 묵은 김장 김치가 떨어질 즈음 산뜻하게 담가먹으면 입맛을 돋운다. 해물이 많이 들어가면 쉽게 익어버리므로 오래두고 먹기에는 적합하지가 않다.

### • 개성주악

개성주악은 찹쌀가루와 밀가루를 막걸리로 되직하게 반죽하여 빚어서 기름에 튀겨낸 떡으로 '우메기'라고도 불린다. 개성 지방에서는 약과와 모약과 등과 함께 귀한 손님을 대접할 때나 잔칫상, 폐백, 이바지음식 등에 빠지지 않고 사용한다. 주악은 튀기는 온도가 너무 높으면 껍질이 터져 버리므로 주의한다. 튀김 냄비에 반죽을 한꺼번에 많이 넣으면 서로 달라붙으므로 주의한다.

### • 송화밀수

송화밀수는 소나무의 꽃인 송홧가루를 꿀물에 타서 잣을 띄운 것으로, 여름철에 더위를 식혀주는 향기가 뛰어난 궁중의 음료이다. 송홧가루를 꿀물에 미리 타 놓으면 가라앉으므로 먹기 전에 타서 잘 저어 마시고, 송홧가루는 밀수뿐만 아니라 다식, 산자의 고물 송화차, 송화주를 만드는 데에 이용된다.

## 3) 강원도

### (1) 지역적 특징

강원도는 약 80%가 산지이고 금강, 동해바다와 산간을 굽이쳐 흐르는 맑고 깨끗한 하천을 바탕으로 여러 종류의 동·식물들이 분포하고 있다. 일반적으로 지대가 높기 때문에 약간 한랭한 편으로, 동쪽 해안 지방인 영동 혹은 관동과 서쪽 내륙 지방인 영서로 나뉜다. 각 지방 사이에는 기후의 특색이 뚜렷이 구별되어 영동 지방에 비해 영서 지방의 기온차가 더 큰 편인데, 지역에 따라 기후와 지세가 서로 다르기 때문에 식생활에도 차이가 크다. 영동 해안 지방은 생태, 오징어, 해조류, 산나물 등을 이용한 음식이 많고, 영서 내륙 지방은 옥수수, 감자, 메밀, 콩 등의 밭작물이 많이 나와 이들을 이용한 음식이 발달되었다. 음식은 육류나 젓갈을 적게 쓰고 멸치나 조개를 넣어 음식의 맛을 내기 때문에 맛이 극히 소박하고 담백하다. 옛날에는 구황식품에 속했지만, 현재는 별미 건강식품으로 사랑받는 감자, 찰옥수수, 메밀 등으로 만든 음식들이 많다.

### (2) 대표적인 강원도음식

① 주식류 : 강냉이밥, 감자밥, 곤드레나물밥, 차수수밥, 메밀막국수, 팥국수, 콧등치기국수, 메밀칼싹두기, 메밀만두, 자수제비, 강냉이범벅, 어죽, 방풍죽, 감자범벅, 올챙이국수, 감자옹심이 등

② 찬류 : 삼숙이탕, 쏘가리탕, 감자전골, 동태순대, 황태구이, 오징어구이, 미역쌈, 취쌈, 올챙이묵, 도토리묵, 메밀묵, 메밀무침, 명란젓, 청란젓, 오징어회, 송이볶음, 감자부침, 오징어순대, 취나물무침, 석이나물, 송이구이, 더덕생채, 더덕구이, 산초장아찌, 다시마튀각, 참죽자반 등

③ 김치류 : 청란젓깍두기, 오징어무말랭이김치, 북어식해, 서거리김치, 해물김치, 동치미 등

④ 병과류 : 감자송편, 총떡, 방울증편, 무소송편, 찰옥수수시루떡, 구름떡, 약과, 감자붕셍이, 송화다식, 옥수수엿, 강릉산자, 평창옥수수엿 등

⑤ 음청류 : 당귀차, 강냉이차, 착면, 연엽식혜, 오미자화채, 앵두화채, 잡곡미수, 수정과 등

⑥ 주류 : 평창감자술, 원주엿술, 송설주, 옥선주, 금향주 등

### (3) 강원도의 별미음식

● 곤드레나물밥

정선 지방의 사투리인 말린 곤드레(고려엉겅퀴)를 섞어 지은 밥으로, 향이 너무 강해 곤드레만드레 취한다고 해서 붙여진 이름이다.

● 방풍죽

멥쌀로 죽을 쑤다가 반쯤 끓었을 때 방풍의 어린잎을 섞어 쑨 죽이다. 방풍은 미나리과에 속하는 3년초이며, 방풍죽은 강원도 지방 사찰음식의 하나로 자리 잡았다.

● 콧등치기 국수

정선장 좌판에서 파는 메밀로 만든 칼국수로, 후루룩 들이키면 국수가 콧등에 턱 들러붙는다 해서 붙여진 이름이다.

● 감자옹심이

감자건더기와 감자전분을 합쳐 반죽하여 만든 새알심을 넣고 끓인 일종의 수제비로, 옹심이는 강원도 정선과 영월 지방의 새알심의 사투리이다.

● 삼숙이탕

매운 고추장과 된장을 풀어 국물에 파, 마늘, 생강 등 여러 가지 양념을 넣고 끓이는 생선 매운탕으로서 시원하면서도 구수한 맛이 좋다. 다 끓은 뒤에 미나리와 쑥갓을 넣는다. 삼숙이는 강원도 강풍과 속초 주문진에서만 잡히는 생선으로 삼숙이의 표준어는 '삼세기'인데, 강원도에서는 삼숙이, 전라도에서는 삼식이라 불린다. 예전에는 껍질이 매끄럽지 않고 못생겨서 그물에 걸리면 재수 없다고 버리던 생선이다.

● 서거리김치

무를 납작납작하게 썰어 소금에 절였다가 명태의 아가미젓인 서거리젓과 함께 버무린 무김치이다.

● 착면

일명 창면, 책면이라고도 하며 녹두녹말을 물에 풀어 익혀 만든 얇은 면을 오미자물에 띄워 마시는 우리나라의 전통 음료이다.

• 감자붕생이

감자전분이나 밀가루를 반죽하여 수제비처럼 뜯어서 감자와 함께 쪄낸 영월 지방의 주식대용 음식이다.

• 올챙이국수

옥수수 전분으로 죽을 쑤어 바가지 구멍을 통해 찬물이 담긴 자배기에 밀어 내리면 똑똑 떨어져 묵이 되는데, 그 굳은 형태가 올챙이와 비슷하다고 해서 붙여진 이름이다. 매끄러운 감촉과 구수한 맛이 여름철 별미로 사랑받고 있다. 옥수수 전분을 사용하면 아주 편리하며, 옛날부터 옥수수는 재배가 용이하고 열량이 높아 배가 부르며 소화가 잘되어 척박한 산간 지방의 주식으로 이용되어 왔다.

• 오징어순대

다리를 비롯한 여러 가지 재료를 소로 채워 쪄낸 오징어순대는 작은 오징어를 선택하여 그 종의 순대와 비슷한 강원도의 대표적인 토속음식으로 손꼽힌다. 소를 넣은 후 찌기 전에 오징어 몸통 전체에 바늘 침을 주어서 쪄내야 익으면서 순대 속에 생기는 수분이 밖으로 빠져 나온다. 또한 식으면서 내용물이 단단해지고 속과 몸통이 분리되지 않는다.

• 오징어구이

오징어구이는 동해안 지방에서 가장 흔하게 잡히는 오징어를 고추장으로 양념하여 석쇠에 구워내는 요리로 최상의 안주로 꼽힌다. 오징어에 양파와 깻잎, 풋고추 등의 채소를 넣고 같이 볶으면 오징어불고기가 된다. 오징어는 반드시 몸통 안쪽에 칼집을 넣어야 익었을 때 모양이 나고 질겨지지 않으며 소화도 용이해진다.

• 새송이버섯구이

송이버섯구이는 원래 송이버섯 그 자체의 향기와 맛을 음미하여 한철만 즐길 수 있는 귀한 요리이다. 요즘은 냉동 송이나 송이버섯 대신 새송이버섯으로 대체하고 있어 대중적인 요리가 되었다. 송이의 향기와 맛을 그대로 음미할 수 있도록 마늘이나 참기름 등의 과도한 양념 사용은 오히려 송이의 향이 줄게 되므로 피한다.

• 감자부침

감자부침은 감자를 강판에 갈아 번철에 지져 먹으며 주식으로도 손색이 없으면서 누구나 좋아하는 강원도의 토속음식이다. 여름철 감자가 많이 날 때 수확하여 상처가 나서 오래두기 힘든 감자를 많이 이용하며, 여분의 감자를 썩혀서 물을 자주 갈아주어 앙금을 가라앉힌 후 감자전분을 만들기도 한다. 감자부침의 반죽이 질어서 잘 부쳐지지 않으면 감자녹말을 넣어 농도를 조절하면 부치기가 쉽다. 감자부침은 뜨거울 때 먹어야 제 맛이 난다.

● 더덕구이

더덕구이는 더덕을 얇게 두들겨 펴서 고추장 양념을 발라 구운 채소류 구이의 대표적인 음식으로 향기가 좋은 고급 찬물이다. 소금물에 담가 쓴맛을 빼고 부드럽게 하여 유장으로 애벌을 굽고 고추장 양념을 덧발라 약한 불에서 서서히 굽는 것이 구이 특유의 조직감을 살린다. 더덕은 껍질을 벗겨 쓴맛을 빼기 위해 소금물에 잠시 담근 후, 길이로 반 갈라 방망이로 자근자근 두들기거나 밀어 펴서 부서지지 않게 한다. 고추장 양념을 발라 구울 때 양념장이 묽어지지 않도록 주의하며 가장자리가 잘 타므로 불 조절에 유의한다.

● 더덕생채

더덕생채는 더덕을 소금물에 담가 쓴맛을 우려낸 후 물기를 없애고 두들겨 가늘게 찢어서 매콤새콤하게 무친 생채로 입맛을 돋우는 요리이다. 고춧가루를 전혀 넣지 않고 흰색으로 무쳐 두 가지 색의 생채를 한 그릇에 어울려 담기도 한다. 고춧가루가 뭉치지 않게 고춧가루를 고운 채에 내리고, 양념장을 잘 섞어 살살 무쳐 낸다.

● 늙은호박찜

약 찰밥과 여러 가지 간을 요하는 요리이다. 영양적인 우수성과 약리적인 기능성을 민간에서 쉽게 이용할 수 있는 보양요리 견과류를 소로 넣고 쪄내는 정성과 늙은 호박찜은 호박 속에 약재 우린 물로도 널리 애용되는데, 늙은 호박 대신 단호박을 이용해도 좋다. 산후 회복을 위한 산모에게는 호박씨와 속을 파내지 않고 쪄서 먹어야 부기 해소의 효능을 제대로 발휘할 수 있다.

● 북어식해

북어식해는 북어에 엿기름과 곡물을 넣어 삭혀 고춧가루와 갖은 양념으로 버무려 붉고 맵게 만든 동해안 쪽의 음식으로, 소금을 침장용으로 사용하는 젓갈류와는 달리 곡류를 혼합하여 숙성 발효시킨 음식이다.

● 감자송편

감자송편은 감자가 많이 생산되는 강원도 지방의 전통음식이다. 감자를 갈아서 만든 앙금과 건지를 섞어서 되직하게 반죽하거나, 감자녹말을 익반죽하여 팥이나 강낭콩으로 소를 넣고 송편처럼 빚어서 찐다. 강릉에서는 이 떡을 빚을 때 손자국을 내어 소박한 멋을 내기도 하며, 북쪽에서는 언 감자를 녹여 만들기도 한다. 재료로 쓰는 감자녹말을 만들 때에는 깨끗하고 좋은 감자를 골라 껍질을 벗긴 후 강판에 갈아서 건더기를 베보자기에 싸서 꼭 짜내고, 그 물을 가라앉혀 웃물을 따라내고 앙금을 말려 가루로 만든다. 회색의 감자녹말은 가정에서 만든 것으로 시판되는 흰색의 감자녹말보다 맛이 좋다. 감자송편은 참기름을 넉넉하게 발라 뜨거울 때 먹어야 제 맛을 즐길 수 있다.

● 감자경단

감자경단은 강원도의 특산물인 감자를 찐 다음 으깨어 동그랗게 빚어서 콩고물이나 흑임자 고물에 굴린 것으로, 찹쌀 경단보다 훨씬 부드러워 입 안에서 녹는 맛이 일품이다. 찐 감자를 으깨어 만든 것은 삶아서 빚은 감자경단보다 훨씬 쫄깃하며 색다른 맛이 난다. 이 감자는 뜨거울 때 으깨어야 쉽게 부서지며 역시 뜨거울 때 먹어야 제 맛이 난다. 고물은 팥·녹두 고물, 흑임자가루, 곱게 채 썬 대추·밤채 등을 사용하기도 한다.

## 4) 충청도

### (1) 지역적 특징

충청도는 선사시대부터 사람들이 정착했던 땅으로, 마한의 중심지이며 백제에 속한 지역으로 찬란한 백제문화의 꽃을 피웠던 지역이다. 또한 예로부터 영남과 호남으로 통하는 삼남의 관문으로 우리나라 교통의 요지이다. 바다에 전혀 접하지 않은 북도와 서해에 면하고 있는 남도와 비교해 볼 때 그 지역적 여건이 다른 점이 많으나 일반 생업은 농업이다.

충청북도는 우리나라에서 바다에 접하지 않은 유일한 내륙 지방이어서 수산물은 찾아보기 힘드나, 대신 산속을 흐르는 냇물이 많아 민물새우, 민물장어, 메기, 올갱이, 쏘가리, 공어 등이 명산물이다. 산간 지방에는 산채와 버섯들이 많이 있어 죽, 국수, 수제비, 범벅 등을 많이 만들며, 된장을 주로 사용하고 겨울에는 청국장으로 찌개를 즐겨 끓이며, 주식이나 부식으로 늙은 호박을 많이 쓴다.

충청남도는 기후가 온화하고 강우량도 적당하며 금강을 중심으로 펼쳐진 기름진 논산평야를 접하고 있어 쌀, 보리, 고구마, 무, 배추, 목화, 모시 등의 산물이 많다. 서해에는 좋은 어장이 있어 굴, 새우, 숭어, 갈치, 가오리, 조기, 꽃게 등의 해산물이 풍부하여 고기보다는 닭과 소합, 굴, 조갯살 등으로 맛을 내어 날떡국이나 칼국수를 끓인다. 특히 간월도의 어리굴젓과 광천의 새우젓은 향토산물로 유명하다.

충청도 음식은 꾸밈이 없고 양념도 많이 쓰지 않아 자연 그대로의 맛을 살려 담백하고 구수하며, 소박한 음식이 많고 충청도 사람들의 인심을 반영하듯 음식의 양이 푸짐한 편이다.

(2) 대표적인 충청도음식

① 주식류 : 보리밥, 산채비빔밥, 굴밥, 찰밥, 공주장국밥, 칼국수, 날떡국, 청포묵국, 호박범벅, 호박풀대죽, 금산어죽 등

② 찬류 : 굴냉국, 다슬기국(올갱이국), 넙치아욱국, 충주내장탕, 청포묵국, 시래기국, 용봉탕, 호박지찌개, 청국장찌개, 메기양념찜, 도리뱅뱅이, 무왁저지, 장떡, 말린도토리묵볶음, 호박고지적, 오이지, 웅어회, 홍어어시육, 참죽나물, 호도장아찌, 제육고추장구이, 청포묵, 박속낙지탕, 닭사리, 병천순대 등

③ 김치류 : 굴깍두기, 가지김치, 쪽파김치, 총각김치, 섞박지 등

④ 젓갈류 : 어리굴젓, 새우젓, 조개젓, 소라젓 등

⑤ 병과류 : 소머리떡, 햇보리떡, 해장떡, 곤떡, 증편, 도토리떡, 무릇곰 등

⑥ 음청류 : 찹쌀미수, 봉숭아화채, 호박꿀단지 등

⑦ 주류 : 중원청명주, 한산소곡주, 금산인삼백주, 아산연엽주, 면천두견주, 계룡백일주, 보은송로주, 청원신선주 등

(3) 충청도의 별미음식

● 도리뱅뱅이

피라미나 빙어를 기름에 바싹 튀긴 후 한 방향으로 동그랗게 돌려 담고 양념고추장을 끼얹어 조린 요리로, 제천 의림지와 대청댐 주변의 새로운 향토음식으로 정착되었다.

● 박속낙지탕

옛날부터 쌀이 귀하여 쌀 대신 낙지를 삶아서 먹고 허기를 채웠는데, 마침 이때가 박이 나는 철이라 박속을 탕에 넣어 시원한 맛과 아울러 배고픔도 해결할 수 있었던 음식이다.

● 닭사리

전골냄비에 닭고기와 칡국수, 채소를 넣고 끓여 먹는 충주 지방의 탕류 음식이다.

• 무왁저지

무를 굵게 썰어서 삶은 국물에 조미한 소고기, 표고, 석이, 생강, 무 등을 넣고 간을 맞추어 조린 것이다.

• 곤떡

찹쌀가루를 반죽하여 화전 모양으로 둥글게 빚어 지초를 우려낸 붉은 기름으로 지져낸 떡이다.

• 무릇곰

무릇에 향채를 섞어 엿기름물로 장시간 고은 것이다. 두꺼운 솥에 송기, 쑥을 넣고 둥굴레의 뿌리를 얹어 엿기름물에 생강즙을 섞은 것을 부어서 뭉근한 불에 3일간 고은 음식으로 구황식의 하나이며, 여름철의 건위제이기도 한다.

• 호박범벅

호박범벅은 호박, 팥, 고구마, 옥수수 등을 섞어서 풀처럼 되게 쑨 농도가 된 죽을 말한다. 정겹고 푸짐한 별식으로 경상도와 강원도에서도 가을과 겨울철에 자주 만들어 먹는 음식이다. 새알심은 녹말에 묻혀서 삶아내었다가 찬물에 헹구면 퍼지지 않는다. 범벅은 만들 때 밑이 눋지 않도록 나무주걱으로 저으면서 끓이고, 30분 후에 불을 줄여 뜸을 들인다.

• 청국장찌개

청국장찌개는 '청나라에서 전래된 장'이라는 뜻에서 청국장, '전시에 부식으로 시급히 필요할 때 단시간에 제조할 수 있다'하여 '전국장'으로도 불린다. 지금은 일반 가정에서 각광을 받는 대표적인 건강기능성 식품으로 자리 잡고 있다.

• 호박지찌개

호박지찌개는 김장 끝에 늙은 호박과 무청을 버무려 넣어 호박지를 만들어 두었다가 겨우내 지져 먹는 일종의 찌개로, 황해도의 별미 토속음식이기도 하다. 황해도에서는 호박지를 익혀 시어지면 호박지찌개를 끓인다.

• 다슬기국

다슬기국은 과음으로 인한 숙취 해소와 간의 피로를 푸는 시원하며 칼칼한 해장국으로 손꼽히는 별미 보양식이다. 『동의보감』에 다슬기는 차가운 성질이 있어 열독을 풀고 갈증을 없애며 간의 열을 내리게 하고 대·소변을 잘 나가게 한다. 다슬기는 왕성한 먹이 활동을 하는 봄철이 가장 맛이 좋고, 충청도에서는 '올갱이', 경상도에서는 '고디', 전라도에서는 '대사리', 강원도에서는 '꼴 부리'라고 부르며, 우리나라 어디에서나 맑은 물에서 서식하고 있다. 식성에 따라 다진 마늘을 넣기도 하나, 오히려 시원한 맛이 줄어든다.

● 호박고지적

호박고지적은 소고기와 채소를 양념하여 꼬치에 꿰어 찹쌀가루를 묻혀 지져낸 지짐 누름적으로 호박고지의 달콤하고 쫄깃한 맛이 일품이다. 찹쌀가루 묻힌 꼬치는 켜켜로 놓고 찜통에 쪄내면 서로 달라붙기 쉬우니 유의해야 한다. 간편한 방법으로는 찹쌀가루를 묻힌 꼬치를 찜통에 쪄내지 않고 바로 번철에서 지져내기도 한다.

● 장떡

장떡은 찹쌀가루에 된장과 고추장을 섞어 반죽하여 기름 두른 번철에 지져낸 음식으로, 뜨거울 때보다 식어서 쫀득쫀득 할 때 제맛이 나며, 옛날에는 먼 길을 떠날 때 비상식량으로 요긴하게 이용하였다. 간편한 방법으로는 찹쌀가루나 밀가루에 준비해 둔 부재료와 양념장과 물을 다함께 섞어 반죽하고 쪄서 말리는 과정 없이 바로 번철에 지져내기도 한다.

● 도토리묵조림

도토리묵조림은 말린 도토리묵을 따듯한 물에 불려서 조려낸 것으로 씹히는 맛이 일품이다. 예부터 우리 조상들은 흉년에는 도토리를 끼니를 이어주던 중요한 식품으로 이용하였다. 도토리묵은 말릴 때 하루에 두 번 정도 뒤집어주며 말려야 곰팡이가 슬지 않는다. 햇볕에 일주일 정도 지나야 완전히 마르고, 다 마르면 색도 진해지고 딱딱해진다.

● 호두장과

고려 충렬왕 때 유청신이 원나라에서 가져온 것으로 복숭아와 비슷하다고 해서 '호도'라 불린다. 호두장과는 무기질과 비타민 B, 불포화지방산이 다량으로 함유되어 있어서 노화 방지와 강장효과가 뛰어나다. 이 요리법은 지방이 산화되기 쉬운 호두의 단점을 보완할 수 있는 좋은 방법이다. 호두의 속껍질은 식초를 탄 더운 물에 잠시 담그면 껍질이 쉽게 벗겨지며 떫은맛도 제거된다.

● 총각김치

총각김치는 어리고 단단한 무를 거친 고춧가루로 양념을 빡빡하게 버무려 담근다. 총각무는 일명 '알타리무'라고도 하며, 작고 무청이 길게 늘어져 있어 생김새가 총각의 머리와 같다고 해서 혹은 작은 무의 생김새가 총각의 남성을 상징하기 때문에 붙여진 이름이라고도 한다. 총각무가 굵은 것은 떨어지지 않도록 칼집을 2~4등분하여 넣어 소금과 물을 뿌려야 쉽게 절여지고 간이 고루 배인다. 총각김치는 늦가을 김장철에 담갔다가 잘 익은 다음에 먹으며, 덜 익으면 무의 매운맛이 남아 있고 무청도 질기다.

● 가지소박이

가지소박이는 오이소박이와 같은 방법으로 담가먹는 여름 한철의 별미 계절김치이다. 평안도에서는 가지를 살짝 데쳐 배를 가르고 그 속에 소금 대신 국간장으로 양념한 소를 넣어 담가먹는다. 가지는 껍질이 매끄러워 부드럽게 절인 다음, 소를 사이사이에 잘 채워 넣어야 간이 잘 스며든다. 가지는 여름 한철 별미로 담가먹는 계절김치이다.

● 소머리떡

소머리떡은 찹쌀가루에 밤, 대추, 콩, 팥 등을 섞어 버무려 시루에 찐 찰 무리떡으로 겹쳐서 굳혀 썰었을 때 마치 소머리편육처럼 생겼다하여 붙여진 이름으로 '모듬 백'이라고도 한다. 수확기인 가을철에 주변에서 흔하고 쉽게 구할 수 있는 곡식과 여러 가지 과일 등의 재료를 모두 모아서 만든 매우 소담스럽고 찰진 가을 떡이다. 떡이 잘 익지 않으면 주걱으로 섞어 주면서 설탕물을 뿌려 쪄내면 좋다. 찹쌀가루에 모든 재료를 넣고 골고루 섞어서 쪄내야 부재료가 한 곳으로 몰리지 않고 썰었을 때 떡 모양이 아름답다.

## 5) 경상도

### (1) 지역적 특징

경상도는 기원전 전한과 변한의 일부 지방이 자리 잡았던 곳으로 신비의 가야문화, 전년 왕조의 찬란한 신라의 불교문화, 선비정신의 유교문화 등이 조화를 이루고 있는 민족문화의 본산지이다. 경상북도는 태백산맥과 소백산맥의 지맥, 그리고 낙동강과 그 지류들에 의해 크고 작은 분지와 평야가 많이 형성되었으며, 이러한 지리적 영향과 교통의 불편함으로 외래문화의 유입이 타 지역에 비해 늦은 편이나, 지방이나 종가의 고유의 문화는 잘 보존될 수 있었다.

경상도는 남해와 동해에 좋은 어장을 접하고 있어 해산물이 풍부하고, 경상남·북도를 가로질러 흐르는 낙동강 유역의 분지와 평야에서 각종 산물이 생산된다. 이곳에서는 고기라고 하면 바닷고기를 가리킬 만큼 생선을 많이 먹으며, 지역의 해산물, 담수어 또는 콩을 이용한 음식이 많다. 곡물음식 중에는 국수를 즐기는데, 밀가루에 날콩가루를 섞어서 만든 면을 멸치나 조개국물에 끓인 제물칼국수를 제일로 친다. 음식은 전라도와 더불어 얼얼하도록 맵고 간은 센 편으로 투박하지만 칼칼하고 감칠맛이 있으며 멋을 내거나 사치스럽지 않고, 소담하게 만들지만 방아잎과 산초를 넣어 독특한 향을 즐기기도 한다. 싱싱한 바닷고기는 회뿐만 아니라 소금간을 하여 구이, 찜, 국을 끓이기도 한다.

⑵ 대표적인 경상도음식

① 주식류 : 진주비빔밥, 통영비빔밥, 충무김밥, 거제멍게젓비빔밥, 안동헛제삿밥, 무밥, 굴떡국, 대구따로국밥, 갱식, 미역죽, 닭칼국수, 칼국수, 조개국수, 안동건진국수 등

② 찬류 : 대구탕, 추어탕, 재첩국, 통영도다리쑥국, 통영시락국, 콩가루배추국, 미역홍합국, 대구육개장, 언양불고기, 구룡포과메기회, 부산겨자잡채, 홍합초, 돔배기산적, 각색산적, 통영아나고구이, 미더덕찜, 마산아구찜, 은어찜, 동래해물파전, 고추부각, 배추전, 수란채, 재첩회 등

③ 김치류 : 우엉김치, 골곰짠지, 깻잎김치, 콩잎김치, 부추김치 등

④ 병과류 : 모시잎송편, 쑥굴레, 만경떡, 칡떡, 진주유과, 대추징조, 우엉정과, 다시마정과, 경주황남빵, 울릉도호박엿 등

⑤ 음청류 : 단술(감주), 찹쌀식혜, 안동식혜, 잡곡미수 등

⑥ 주류 : 향온주, 안동소주, 경주교동법주, 함양국화주, 부산산성막걸리, 김천과하주, 안동송화주, 안동소주, 문경호산춘 등

⑶ 경상도의 별미음식

● 갱식

경상북도의 서북부 지방에서 상갓집의 속풀이 음식이었으며, 어려웠던 시절 추운 겨울에 끓여 먹던 죽으로 갱시기, 갱죽이라고 한다. 멸치장국에 찬밥과 송송 썬 김치, 콩나물을 넣고 끓인 즉석에서 먹을 수 있는 간편하면서도 추억어린 음식이다.

● 안동헛제사밥

제사음식처럼 고춧가루나 마늘을 쓰지 않고 각종 나물을 올려 집간장과 깨소금을 넣어 비벼먹는

비빔밥이다. 이때 간고등어구이나 돔배기산적을 곁들이며 제사의례를 매우 중요시 여겼던 유교문화의 본고장 안동의 향토음식이다.

● 수란채

수란과 삶은 전복, 문어, 미나리, 대파를 담고 석이버섯과 실고추를 고명으로 얹어 새콤달콤하게 간을 한 잣국물을 부어서 내는 요리이다. 경주 최부잣집에서 즐겨 먹던 것이라 하여 '경주채'라고도 한다.

● 대추징조

대추를 부드럽게 쪄서 조청에 조린 다음, 볶은 참깨에 굴려 옷을 입힌 후식으로 제상 등 귀한 상에 빠지지 않고 올렸다.

● 만경떡

찹쌀가루에 밤, 씨를 뺀 대추, 삶은 콩, 삶은 팥 등을 버무려서 시루에 찐 떡이다.

● 안동건진국수

안동건진국수는 제물 칼국수와는 달리 밀가루에 콩가루를 넣고 반죽하여 아주 가늘게 채 썬 칼국수를 삶아 찬물에 헹구어서 육수로 말아내는 일종의 잔치국수이며, 면발이 가늘수록 품위를 더하는 반가요리이다. 국수의 반죽은 보통 밀가루와 물의 비율을 3 : 1로 하고 서로 달라붙는 것을 방지하기 위해 식용유를 소량 첨가한다. 또한 반죽을 치대어 냉장고에 두는 과정을 반복하면 더욱 쫄깃한 면을 얻을 수 있다.

● 육개장

육개장은 양지머리나 사태 등 국거리 고기를 파를 많이 넣어 무르게 삶고 모든 채소를 밑간 한 후 고추기름과 고춧가루로 매운맛을 낸 국이다. 개고기를 끓인 것이 개장 하별이라고 하는데, 식성에 맞지 않는 사람은 개고기 대신 소고기를 사용하고 이것을 육개장이라 한다. 〈경도잡지〉(1770년대 말)에는 "구장이란 개고기를 총백(파)에 섞어 삶는다."라고 기록되어 있다. 육개장용 고기는 양지머리나 사태뿐만 아니라 양, 곱창을 깨끗이 손질하여 함께 삶으면 맛이 더욱 깊고 진하다. 고기를 애벌 삶을 때 파, 마늘, 생강 등 향신채를 넣으면 고기의 누린내가 없어지고, 이때 위에 생기는 거품과 기름기는 꼭 걷어내도록 한다. 더운 여름철 삼복에 먹는 시절 음식으로, 일반적으로 소고기로 만든 음식에는 고춧가루를 넣지 않는 것이 보통이다. 고추장을 사용하면 맛이 텁텁하므로 고춧가루를 많이 넣어 개운한 맛을 살린다.

### ● 재첩국

재첩국은 경상도 하동 지방의 별미음식으로 그 시원한 맛이 일품으로 속풀이용 국으로 널리 애용되고 있다. 부산 자갈치 시장의 이동 재첩국장사의 구수한 외침은 정겨운 옛 풍경으로 남아있다. 단백질과 무기질, 비타민 $B_1$이 풍부하며 시원한 맛을 즐기기 위해선 재첩국에 다른 양념을 첨가하는 것을 지양한다. 재첩은 김해, 명지, 엄궁 등 낙동강 하류에 주로 서식하였으나, 지금은 섬진강 유역에서 많이 생산된다.

### ● 마산아귀찜

마산아귀찜은 아귀 자체가 본래 담백한 편이어서 여러 가지 채소를 넣는 것보다 콩나물, 미더덕, 조갯살, 미나리와 마늘, 생강 등의 양념장을 아주 많이 쓰는 편으로 굉장히 매운 요리이다. 특히 마산아귀찜은 전국적으로 브랜드화 되어 널리 알려져 있으며, 아귀 껍질과 뼈에 콜라겐이 많아서 삶으면 젤라틴화 되어 부드럽고 쫀득쫀득한 맛이 일품이다. 아귀는 수분이 많고 지방질이 적은 생선이라 꾸덕꾸덕 말려 조리하면 살도 부스러지지 않고 씹히는 맛도 좋다. 또한 아귀는 내장, 지느러미도 사용하며 껍질의 미끈거리는 진액에서 비린내가 나므로 물에 여러 번 헹구어 완전히 없애는 것이 좋다.

### ● 영덕대게찜

영덕대게는 게의 크기가 큰 것이 아니라 게의 발이 대나무의 마디 모양처럼 생기고 비어있다고 해서 붙여진 이름으로, 얇은 껍질에 살이 꽉 차있고 쫄깃하면서 담백한 맛과 향이 일품이다. 게를 찔 때는 다리를 자르지 않고 통으로 찌며, 또한 게 껍질이 아래로 가게 쪄야 육즙이 빠져나오지 않는다.

### ● 돔배기산적

돔배기산적은 뼈를 발라 낸 상어고기를 꼬치에 꿰어 기름에 지져 내어 경사나 제사 등 집안에 큰 일이 있을 때 반드시 올리는 경상도 지방의 별미음식이다. 상어는 큰 물고기이므로 주로 토막을 내어 큰 덩어리 상태로 판매가 되며, 다른 생선에 비해 잘 부서지지 않으므로 산적에 적합하다. 상어고기는 약간 비리고 아린 맛이 나므로 꾸덕꾸덕하게 말렸다가 구우면 비린내가 나지 않는다. 다른

산적은 부재료로 채소나 소고기를 끼우지만, 돔배기 산적은 상어 한 가지만 끼우는 것이 특징이다.

### ● 각색산적

각색산적은 소고기와 고추, 더덕, 느타리버섯, 수삼, 쪽파 등의 갖가지 재료를 번갈아가며 꼬치에 꿰어 번철에 노릇노릇하게 지져낸 화려하고 손이 많이 가는 음식으로, 제사상이나 큰 잔칫상에 고임으로 반드시 쓰였다.

### ● 동래파전

동래파전은 쪽파와 오징어, 굴, 홍합, 조갯살 등의 해산물을 밀가루와 쌀가루를 섞은 반죽과 함께 기름을 두른 번철에 지져내는 일종의 전으로, 옛날부터 동래장의 명물로 장꾼이나 장 보러 온 사람들에게 큰 인기가 있었던 음식이다. 반죽 옷을 만들 때 밀가루에 쌀가루를 섞으면 파의 매운맛과 어울려 훨씬 부드럽게 느껴지고, 간은 소금보다 액젓으로 하는 것이 깔끔하다. 멸치육수는 찬물에 멸치, 무, 양파, 대파를 넣고 뭉근하게 끓여 우려낸 후 식혀두었다가 사용한다.

### ● 겨자잡채

겨자잡채는 집안에 경사가 있거나 이바지음식을 보낼 때는 빠지지 않고 하는 음식이다. 여러 가지 채소류를 겨자장으로 무쳐내어 얇게 썬 소고기 편육에 싸서 먹으면 톡 쏘는 그 맛이 일품이며 주안상이나 교자상에 잘 어울린다. 잡채의 잡은 섞다, 모으다, 많다의 뜻이고, 채는 채소를 뜻하니 여러 가지 채소류를 섞은 음식이라는 뜻이다. 채소류는 각각 볶아서 펼쳐 식힌 후 겨자장으로 무쳐 내어야 한다.

### ● 콩잎김치

콩잎김치는 노랗게 단풍진 콩잎만을 모아 소금물에 삭혀서 양념으로 켜켜이 발라 담가 먹는 경상도의 별미 김치이다. 약간 질긴 듯한 조직감과 특유의 향이 일품이다. 콩잎은 묶음 채로 삭히는 것이 좋고, 어린 콩잎은 쌈으로 싸먹어도 별미이다. 양념을 만들 때 멸치 액젓량을 줄이고 그 양만큼 진간장을 넣으면 색다른 맛을 낸다.

### ● 부추김치

부추김치는 몸이 허한 여름철에 담가먹는 별미 김치이다. 부추는 최음작용과 강장효과가 뛰어나 약선 재료로 널리 이용되었다. 부추는 조직이 연하므로 양념을 끼얹어 살살 버무려야 풋내가 나지 않는다. 부추 자체의 향이 강하므로 양념에 마늘이나 생강의 양을 줄여서 써도 무방하다. 부추는 경상도에서는 '정구지', 전라도에서는 '솔' 그 밖에 '부채, 부초, 졸' 등으로 불린다. 또한 '게으름쟁이 풀'이라고 하는데, 잔손이 안가도 잘 자라서 게으름쟁이라도 키울 수 있기 때문이라고 한다.

● 우엉김치

우엉김치는 달작 지근한 맛과 향기가 독특하고 아삭아삭 씹히는 감촉이 유별난 경상도와 전라도의 별미 김치이다. 이 우엉은 한방에서 해독, 해열 및 소염작용이 있어서 인후염, 편도선염, 볼거리염, 피부가 헐어 벌겋게 된 상태에 많이 쓰인다. 우엉은 수분이 적어 김치가 빡빡해지기 쉬우므로 양념을 너무 되게 하지 않도록 한다.

● 유과(산자)

산자는 유과류의 일종으로 찹쌀가루에 술을 넣고 반죽하여 시루에 쪄낸다. 공기가 반죽에 고루 섞이도록 방망이로 꽈리가 일도록 치대어 얇게 민 바탕을 네모 모양으로 편편하게 만든다. 이 바탕을 적당한 크기로 자른 후 말려서 기름에 지져 꿀이나 조청을 바르고 고물을 묻힌 우리나라 최고의 과자로 꼽힌다.

● 안동식혜

안동식혜는 찹쌀 고두밥에 고운 고춧가루, 무채, 밤채, 생강채를 넣고 고루 섞은 다음 엿기름물을 따라 붓고 따듯한 곳에서 발효시켜 만든 음료로 무식혜라고도 한다. 식혜의 단맛과 무와 생강, 고춧가루의 매운맛이 어울려 약간 걸쭉하면서 톡 쏘는 듯한 조화로운 맛을 이룬다. 처음에는 먹기가 거북하나 먹어 본 사람들에겐 향수를 불러일으키는 음료이다.

## 6) 전라도

### (1) 지역적 특징

전라도는 호남평야의 풍부한 곡식과 여러 가지 해산물, 채소 등 재료가 풍부하여 다른 지방보다 음식의 종류가 많고 음식에 많은 정성을 들여 화려하고 다양하다. 전라도의 지형은 동고서저와 북고남저의 계단식을 이루고 있어 인삼, 고추를 비롯한 밭작물과 고랭지 채소가 산출되고 산수유, 오미자, 당귀 등의 약초와 원추리, 고사리 등의 산나물과 버섯류가 다양하게 생산된다. 전라북도는 국내 유수의 곡창지대로 만경강적으로 중시되어 왔으며, 전라남도는 바다를 접하고 있어 풍부한 수산물을 얻을 수 있고 해초, 미역, 김 등의 해조류가 양식되고 생강, 감, 유자 등의 특산물 등이 유명하다.

전라도 지방은 전주와 광주를 중심으로 음식문화가 발달하였으며, 음식의 사치스럽기가 서울, 개성 지방과 함께 손꼽힌다. 또한 지역적 특성에 의해 먹거리가 풍부하여 예로부터 고을마다 부유한 토반들이 살면서 집안 대대로 전수되는 맛으로 소문이 나 있어 다른 지방이 따를 수 없는 풍류와 맛의 전통을 지니고 있다. 특히 조선왕조 전주 이씨의 본가에서 사골을 고운 물로 지은 밥에 육회, 청포묵, 콩나물을 비롯한 여러 가지 채소를 넣고 지장수로 기른 콩나물국과 함께 내는 전주비빔밥은 세계적으로 유명하다. 또한 반찬 가짓수가 많은 상차림이 유명하고, 기후가 따듯하여 다양한 젓갈을 이용하여 감칠맛이 강하며 간이 매우 세고 고춧가루를 많이 사용한다. 이 지방의 김치는 젓갈과 고춧가루를 많이 사용하여 짜고 매우며 국물 없는 김치들을 주로 담근다.

⑵ 대표적인 전라도음식

① 주식류 : 전주비빔밥, 담양대통밥, 콩나물국밥, 깨죽, 팥죽, 합자죽, 대합죽, 피문어죽, 남매죽, 대합 조개만두, 파만두 등

② 찬류 : 남원추어탕, 용문탕, 천어탕, 죽순탕, 갈낙탕, 낙지연포탕, 선지국, 꽃게탕, 순천장뚱어탕, 미생이숙, 머위들깨탕, 꽃게탕, 세발낙지회, 광주애저찜, 죽순채, 죽순찜, 홍어찜, 낙지호롱, 붕어조림, 꼬막무침, 홍어회, 미나리강회, 산낙지회, 홍상합, 죽순회, 콩나물잡채, 머위나물, 영광굴비구이, 풍천장어구이, 김부각, 가죽나무잎부각, 들깨꽃부각, 고추잎자반, 순창고추장, 나주집장, 토하젓, 각종 젓갈류, 영암어란, 순창고추장 등

③ 김치류 : 돌산갓김치, 굴깍두기, 고골빼기김치, 나주반지, 감장아찌, 양하장아찌 등

④ 병과류 : 부꾸미, 나복병, 감인질미, 감고지떡, 연근정과, 생강정과, 동아정과, 유과, 산자, 고구마엿 등

⑤ 음청류 : 곶감수정과, 유자화채 등

⑥ 주류 : 전주이강주, 김제성순주, 고창복분자주, 전도홍주, 완주모주, 해남진양주 등

⑶ 전라도의 별미음식

● 합자죽

대합, 모시조개와 쌀로 쑨 죽으로, 대합조개와 모시조개 등 조갯살로 맑은 장국을 끓이다가 쌀을 넣고 쑤거나 또는 조갯살을 푹 고다가 쌀을 넣고 쑨다.

● 담양대동밥

3년 이상 자란 왕대의 대통을 마디마디 잘라 그 속에 불린 잡곡을 넣고 쪄내는 직열 영양밥이다.

● 매생이죽

조선시대 장흥 지방의 진상품이었던 매생이는 얇은 바닷가에 자생하는 갈조류로 파래와 비슷하나 발이 훨씬 가늘고 부드럽다. 오래 가열하면 녹아 물처럼 되기 때문에 굴을 넣고 약한 불에서 잠깐 끓인다.

● 순천장뚱어탕

몸이 거무튀튀하고 눈이 위로 튀어나와 있으며 눈꺼풀이 아래에서 위로 감기는 장뚱어는, 겨울이면 갯벌 속에 들어가 겨울잠에 빠져든다고 하여 잠둥이라 부르던 것이 장뚱어가 되었다고 한다.

● 광주애저찜

6~7개월 된 새끼돼지의 내장을 빼고 배 안에 꿩고기, 닭고기, 두부, 무 등을 양념하여 볶은 것을 채우고 찐 것이다. 솥에 대나무를 걸쳐 새끼돼지를 안치고 물을 부어 가열한다. 아저를 먹는 것이 안쓰럽다 하여 '슬픔 애' 자를 써서 애저라고 표현하며 여름철의 보양식으로 많이 먹었다.

● 영암어란

5월경 숭어의 알을 꺼내 집 간장에 담가 간을 한 후, 참기름을 발라가며 한 달에 걸쳐 그늘에서 말렸던 정성어린 작품으로 최고의 술안주로 쓰였던 진상품이기도 하다.

● 나복병

멥쌀가루에 채 썬 무를 섞고 팥고물을 놓아 켜를 3cm로 두껍게 하여 찐 떡으로, 음력 10월에 많이 해 먹었다. 무를 절여서 넣기도 한다.

● 파만두

파만두는 굵은 대파를 쪼개어 가운데에 소를 넣고 밀가루를 묻힌 후 달걀옷을 입혀 마치 옥잠화처럼 아름답게 만들어 익힌 것으로, 만두처럼 먹을 수 있다하여 붙여진 이름이다. 파만두는 소금물이 끓을 때 넣어서 익혀야 모양이 흐트러지지 않으며 달걀흰자 옷을 입힌 것부터 먼저 익혀내어야 색이 곱다.

● 낙지산적

낙지산적은 낙지와 꽈리고추, 느타리버섯을 꼬치에 꿰어 양념장을 발라가며 굽는 요리로, 술안주나 밥반찬에 잘 어울리는 일종의 꼬치구이이다. 낙지는 너무 익히면 질기고 딱딱해지므로 살짝 익혀서 바로 먹어야 연하고 맛있다.

● 추어탕

추어탕은 미꾸라지를 푹 고아 살만 바르거나 뼈째 곱게 갈아 여러 가지 채소를 넣고 양념하여 끓인 토속음식이다. 미꾸라지는 7월부터 11월 말까지가 제철이어서 가을 생선이란 의미로 '추어'라 불리며, 산채로는 미끄러워 다루기가 어렵다. 미꾸라지의 형태가 없도록 밭쳐서 끓이는 것이 보통이나 모양을 통째로 보이게 끓이기도 한다. 산 미꾸라지에 소금을 뿌려 항아리에 넣고 뚜껑을 덮어두면 미꾸라지끼리 부딪혀서 거죽의 미끄러운 해감이 제거된다. 이때 호박잎으로 싹싹 문지르면 해감이 더 깨끗이 제거된다.

● 낙지호롱

낙지호롱은 대나무 젓가락이나 짚 묶음에 세발 낙지의 머리부터 통째로 끼워 돌돌 감은 다음, 양념장을 골고루 바르고 구워낸 것으로 맛도 맛이지만 감긴 것을 돌돌 풀어가며 먹는 재미가 쏠쏠한 색다른 별미음식이다. 낙지를 유장 처리한 후 나무젓가락에 말아 찜통에 찌거나 석쇠에 일차로 구워낸 후 기호에 따라 양념간장이나 양념고추장으로 발라 구워야 속까지 고루 잘 익고 양념도 타지 않는다. 세발 낙지는 발이 셋인 낙지가 아니라 발이 가는 낙지를 뜻한다.

● 꼬막찜

꼬막찜은 꼬막을 삶아 한쪽에만 껍질을 붙인 채 양념장을 끼얹거나 초고추장에 무친 찬물로 쫄깃쫄깃한 맛뿐만 아니라 하나하나 빼먹는 재미가 쏠쏠하다. 꼬막은 껍질의 골 사이에 모래나 갯벌의 흙이 많이 붙어있으므로 여러 번 비벼서 씻고 연한 소금물에 담가 해감을 완벽하게 토하도록 해야 한다.

● 유곽

유곽은 대합껍질에 된장과 고추장으로 양념하여 볶은 조갯살 소를 채워 구워낸 것으로, 밥반찬이나 쌈장으로 쓰이는 정성이 깃든 귀한 찬이다. 조갯살을 쉽게 빼내려면 냄비에 찬물과 조개를 함께 넣고 끓이면 쉽게 입을 벌린다. 유곽을 여유 있게 만들어 냉동실에 두었다가 물만 부어 된장찌개로 끓여 먹어도 좋다.

● 꽃게양념무침

꽃게양념무침은 싱싱한 게살과 여러 가지 양념 맛이 어우러져 식욕을 돋우는 데는 최고로 꼽힌다. 그래서 대부분의 한식 전문집에는 꽃게양념무침이 꼭 따라 나오는데, 봄에는 암케, 가을에는 숫케가 더 맛이 있다. 꽃게는 야행성이어서 달이 없는 그믐 때 잡은 것이 훨씬 맛이 있고 살도 많으며, 살아있는 꽃게를 손질할 때는 가장 먼저 집게발을 잘라야 손을 다칠 염려가 없다. 꽃게양념무침은 오래두고 먹는 것이 아니라, 양념장을 버무린 후 2~3일 안에 다 먹도록 한다.

● 간장게장

간장게장은 참 게나 반장 게를 통째로 간장에 담가 맛이 은근히 속살까지 스며들게 한 최고의 맛난 반찬이다. 간장게장은 민물 게나 보통 게의 반만 한 크기의 반장 게로 담근 간장게장으로, 소고기 날것을 잘게 썰어 항아리에 넣으면 게가 순식간에 먹어버리는데, 이렇게 고기 먹은 게로 간장을 담그면 훨씬 맛이 좋고 별미 중의 별미이다. 간장게장은 보통 작은 게나 민물 참게로 만드나, 살이 많은 숫 꽃게로 담그기도 한다. 간장게장을 합쳐서 보관하면 단백질이 분해되어 살이 녹아버리므로 게와 담금 간장은 분리하여 냉동과 냉장고에 보관해야 한다.

● 홍어회

홍어회는 전라도 지역의 경사스런 잔칫날에 막걸리, 묵은 김치와 함께 홍탁 삼합이란 이름으로 반드시 상에 오르는 음식으로, 양념하지 않은 삭힌 홍어회의 참맛을 즐길 수 있는 별미음식이다. 간편한 방법으로 홍어를 먹기 좋은 크기로 썰어 막걸리나 식초에 담가 3~4일간 삭힌다.

● 홍어어시욱

홍어어시욱은 토막내어 꾸덕꾸덕하게 말린 홍어에 파, 마늘, 실고 추, 석이버섯, 달걀 황·백 지단 채를 뿌려 쪄낸 것으로 양념장과 함께 내는 별미음식이다. 충청도에서는 홍어보다 크기가 작은 간재미를 사용하여 홍어어시욱이나 홍어무침과 같은 방법으로 간재미 찜이나 간재미 회 무침을 만들어 먹는다.

● 나주집장

나주집장은 담가서 바로 먹는 속성 장으로, 담그는 시기가 특별히 정해진 것은 아니지만 보통 늦가을이나 초겨울에 끝물인 채소를 갈무리하면서 많이 담근다. 채소를 많이 넣고 담기 때문에 '채장', 삭은 집장이 검다고 해서 '검은 장'이라고도 한다. 전통적인 방법은 집장을 만들어 퇴비 속이나 왕겨

분 속에 묻어 익힌다. 집장에 들어가는 채소는 날것으로 그냥 넣으면 물러지기 쉬우므로, 말리거나 소금 또는 간장에 절여서 수분을 빼고 사용해야 한다. 장아찌는 그대로 써도 좋으며, 바싹 마른 것은 물에 불렸다가 꼭 짜서 쓴다.

● 고들빼기김치

고들빼기김치는 겨울 김장철에 담가놓았다가 겨우내 먹는 별미김치로, 쌉쌀한 맛과 향이 마치 인삼과 같다고 하여 '인삼김치'라고도 한다. 고채풀이라 이름 지어진 고들빼기는 줄기와 잎을 꺾으면 흰 유액이 나오는데, 봄철에는 어린잎을 따서 생채나 쌈 나물로도 이용한다. 김치를 담글 때는 뿌리째 뽑아서 일주일 정도 옅은 소금물로 삭혀 쓴맛을 우려낸 후 사용한다. 고들빼기는 자생한 것일수록 고들빼기 본래의 맛을 즐길 수 있다.

● 파김치

파김치는 중간 굵기의 쪽파를 멸치젓갈과 고춧가루를 넉넉히 넣어 담그므로, 맛이 진한 매운 김치로 고들빼기김치나 갓김치처럼 오래 묵혀야 깊은 맛이 난다. 일반적인 방법은 소금물에 파를 절여 다진 마늘과 생강을 넣고 고춧가루로 색을 내고 젓국으로 간을 하기도 한다. 경상도에서는 파김치를 담글 때 마른오징어를 파와 같이 넣어 버무리는데, 이는 숙성되는 동안 물이 생기지 않게 함이다.

● 돌산갓김치

돌산갓김치는 여수의 돌산이라는 섬에서 나는 갓으로 담근 김치로, 톡 쏘는 매운맛과 섬유질이 적어 부드러우며 독특한 향을 가지고 있어서 전국적으로 명성을 얻고 있다. 지방과 기호에 따라 갈치속젓 대신 멸치젓을 사용하기도 한다. 담근 지 보름이면 익어서 먹을 수 있으며 웃소금을 넉넉히 뿌려두면 이듬해 봄이나 여름까지도 저장할 수 있다. 잘 익은 갓김치의 톡 쏘는 매운맛은 잃었던 입맛을 찾는데 손꼽히는 김치로서 손색이 없다.

● 수수부꾸미

수수부꾸미는 찹쌀가루와 찰수수가루를 뜨거운 물로 익반죽하여 동글납작하게 빚어 여러 가지 소를 넣어 반달 모양으로 접어 기름에 지진 떡이다. 부꾸미는 화전이나 주악처럼 기름에 지지는 떡의 일종이나 소를 넣고 반으로 접어 다시 지지는 것이 다르며, 떡의 재료로는 찹쌀, 찰수수 등 차진 곡물로 만든다. 지져낸 부꾸미가 식기 전에 설탕이나 꿀을 바른다. 녹두 소 대신 거피팥고물 소를 써도 좋다.

● 동아정과

동아정과는 동과정과라고도 하며 동아의 껍질을 벗기고 속을 파내어 적당한 크기로 썰어 꼬막 잿가루(사 횟가루)와 섞어 두었다가 맑은 물에 우려낸 후 꿀이나 조청으로 조린 것으로, 『규합 총서』에 "정과류 중 가장 으뜸으로 친다. 옛날부터 동아정과는 만들기가 까다롭고"처럼 기록되어 있을 정도로 정성이 많이 들고 아삭아삭한 맛이 일품이다.

● 유자화채

유자화채는 유자껍질, 유자속, 배, 석류알에 꿀물을 부어 석 알과 잣이 보석처럼 아름다우며 달콤한 맛과 유자의 향긋한 내음이 잘 어울리는 것이 일품으로 궁중에서 즐겨 먹던 음료이다. 유자 화채를 만들어 차게 두었다가 시원하게 마시면 그 싱그러운 맛이 입 안에 가득해서 더할 나위없는 산뜻한 후식이다. 유자는 익히지 않고 생으로 먹는 것이므로, 겉 표면을 굵은 소금으로 문질러 잘 닦아 사용해야 한다. 건지를 담고 화채 국물을 부을 때 모양이 흐트러지지 않도록 가만히 부으며, 유자를 설탕이나 꿀에 재워 유자청을 만들어 유자차와 두텁떡 등에 사용하기도 하고, 유자껍질을 말려두었다가 물에 달여서 마시면 주독, 신경통, 소화 불량 등에 효능이 있다.

## 7) 제주도

(1) 지역적 특징

제주는 섬나라라는 뜻의 도이, 섭라, 탐모라, 탐라 등의 옛 지명을 가지고 있다. 제주도는 섬이라는 지리적 환경의 특수성으로 육지와는 달리 의·식·주생활, 신앙, 세시풍속 등의 독특한 민속문화로 세계적인 휴양관광지로 발돋움하고 있다.

제주도는 농촌, 어촌, 산촌으로 구분되어 생산되는 산물이 다르다. 농산물은 쌀이 귀하며 잡곡인 콩, 보리, 조, 메밀 등의 생산이 많고, 특산물인 감귤은 이미 삼국시대부터 재배가 이루어졌으며 전복과 함께 임금님께 올렸던 진상품이다. 제주도에서 나는 자리돔, 옥돔, 전복, 오분자기 등과 같은 해산물, 한라산에서 나는 표고버섯, 산채, 꿩 등은 이곳 제주도의 특징적인 음식의 맛을 내는 재료들이다. 겨울에도 기후가 따듯하여 김장을 담글 필요가 없고, 담그더라도 종류가 적으며 짧은 기간 동안 먹을 적은 양을 담근다. 제주도 사람의 부지런하고 소박한 성품이 음식에도 나타나, 재료가 가진 각각의 자연의 맛을 그대로 살리며 음식을 많이 차리거나, 양념을 많이 넣거나, 또는 여러 가지 재료를 섞어서 만드는 음식은 별로 없다. 제주도음식은 해산물, 육류로는 돼지고기·닭고기 이와 함께 채소와 해초를 주로 이용하며 된장으로 소박한 맛을 낸다. 더운 지방이라 간은 대체로 짠 편이고, 양념을 적게 써서 간단하게 만들며 생선을 이용한 회, 국, 죽이 많다.

### (2) 대표적인 제주도음식

① 주식류 : 옥돔죽, 전복죽, 돼지새끼죽, 초기죽, 지실(감자죽), 닭죽, 깅이죽, 메밀저배기, 꿩메밀만두, 감저범벅(메밀고구마범벅), 곤떡국 등

② 찬류 : 돌(톳)냉국, 고사리국, 갈치호박국, 옥돔미역국, 구살국(성게국), 몸국, 해물뚝배기, 오분자기찜, 전복찜, 꿩적, 자리물회, 돼지새끼회, 초기적, 상어산적, 옥돔구이, 고등어구이, 자리구이, 양애무침, 초기전(표고버섯전), 고사리전, 생미역쌈, 다시마쌈, 톳나물, 똥돼지불고기, 구쟁이강회(소라회무침), 꿩토렴(꿩샤브샤브) 등

③ 김치류 : 귤물김치, 유채김치, 꿩마농김치, 퍼대기김치, 동지김치, 해물김치 등

④ 젓갈류 : 게우젓, 자리젓, 깅이젓, 성게젓. 소라젓, 갈치속젓 등

⑤ 병과류 : 빙떡, 상애떡, 오메기떡, 달떡, 꿩엿, 닭엿 등

⑥ 음청류 : 밀감화채, 유자청, 보리쉰다리, 소엽차 등

⑦ 주류 : 오메기(고소리)술, 선인장술 등

### (3) 제주도의 별미음식

● 곤떡국

흰쌀로 만든 흰떡국의 제주도 이름으로, 흰쌀을 제주도에서는 '곱다'는 의미로 곤쌀이라고 한다.

● 몸국

돼지뼈육수에 삶은 돼지의 내장, 몸, 비계, 물에 푼 메밀가루로 농도를 조절하여 미역귀를 넣고 끓인다. 몸은 모자반의 제주도 사투리이며 제주도 잔치에서 흔히 먹던 음식이다. 특히 햇몸으로 끓인 국을 참몸국이라 하는데, 아주 별미이다.

● 꿩엿

봄철에 약용으로 만드는데, 엿을 고다가 꿩고기 삶은 것을 넣어 푹 조린 것으로 고추장 정도의 농도가 되게 삭혀서 먹는다.

● 닭엿

차조밥에 엿기름을 부어 10시간 정도 삭혔다가 체에 밭쳐 꼭 짜서 엿물을 받아내고, 여기에 닭을 넣고 짙은 갈색이 될 때까지 푹 조려 통깨를 넣어 삭힌 것이다. 백자항아리에 담아 숟가락으로 퍼먹는데, 겨울철에 먹는 보신용 음식이다. 쫄깃쫄깃한 닭고기와 통깨의 고소한 향기가 섞여 있다.

● 게웃젓

제주도에서는 전복의 내장을 게웃이라 하는데, 이 게웃과 소라의 내장을 함께 섞어 소금으로 절여 만든 것으로 담근 지 일주일 후에는 먹을 수 있다.

● 닭제골

제주에서 음력 6월 20일의 '닭 잡아먹는 날'에 솥에 대꼬챙이를 여러 개 걸쳐 놓고 뱃속에 참기름과 마늘을 가득 채운 닭을 뚝배기에 얹어 오랫동안 중탕을 한다. 이때 푹 고아진 닭의 뽀얀 육수를 밑에 밭친 뚝배기에 받아 약처럼 마시거나 복달임으로 사용하였다.

● 상애떡

밀가루반죽을 술로 발효시켜 찐 것으로 상화병에 연유하여 상애떡이 된 것으로 지금의 찐빵과 비슷하다.

● 전복죽

전복죽은 전복을 얇게 저며서 불린 쌀과 함께 쑨 별미죽으로, 내장을 함께 넣으면 은은한 녹두빛이 나며 특이한 향과 쌉쌀한 맛이 난다. 전복은 옛날부터 임금님께 올렸던 제주도의 진상품으로 8~10월에 가장 맛이 있으며, 겨울에는 살이 말라서 맛이 없다. 전복은 조개류 중에서 가장 귀하고 값이 비쌀 뿐만 아니라 단백질이 많고 지방질이 적으며 체내 흡수율이 높아 임신부, 노인, 어린아이, 환자의 보양식품으로 널리 이용되고 있다.

● 깅이죽

깅이죽은 게죽의 제주도 방언으로 작은 바닷게를 갈은 국물로 끓인 죽으로, 옛날부터 관절통에 효능이 있다고 알려져 있어서 해녀들이 애용하는 별미음식이다.

● 오분자기찜

오분자기찜은 전복과 비슷하게 생긴 작은 조개인 오분자기를 익혀 양념장을 끼얹어 내는 일종의 찜으로, 쫄깃하면서도 부드러운 감칠맛과 향이 일품이다. 오분자기를 데치지 않고 양념장으로 바로 조리면 육질이 질겨진다. 오분자기는 몸에 6~8개의 구멍이 있으며, 이 구멍이 껍질 위로 솟아올라 앉은 것이 전복과 다른 점이다. 껍질 안쪽에 화려하고 강한 진주광택이 있어 나전칠기에 이용된다.

● 해물뚝배기

해물뚝배기는 제주도의 갖가지 싱싱한 해물과 된장을 풀어넣고 끓여, 바다 내음이 물씬 풍기며 담백하고 시원한 맛이 일품으로 최고의 속풀이 해장국으로 손꼽힌다. 조개 종류는 껍질째 조리하기 때문에 손질할 때 해감을 잘 시키는 것이 무엇보다 중요하며, 오래 끓이면 질겨지므로 충분히 예열을 이용할 수 있는 뚝배기를 사용하는 것이 바람직하다.

● 갈치호박국

갈치호박국은 싱싱한 은빛갈치와 잘 익은 호박을 넣고 끓인 구수하고 시원한 맛이 일품으로, 속풀이 해장국으로 널리 알려져 있는 제주의 토속음식이다. 갈치는 칼처럼 생겼다고 해서 붙여진 이름으로, 제주 연근해에서 낚시로 잡아 올린 싱싱한 은빛갈치는 회로도 먹는데, 특유의 쫄깃함과 고소함은 육지에서는 맛볼 수 없는 싱싱함의 극치를 이룬다.

● 자리구이

자리구이는 자리돔이라는 작고 까만 도미 종류의 생선에 소금을 뿌렸다가 구워내는 요리로, 외지에 나가있는 제주사람들의 향수를 불러일으키는 제주도의 대표적인 향토음식이다. 자리돔은 5월 하순부터 8월까지가 산란기이므로 이시기에 맛이 제일 좋다. 지방과 글루탐산의 함량이 많아 구수하며 감칠맛이 있으며 소금구이뿐만 아니라 물회, 간장에 조리거나 담가 먹기도 하는데 그 맛이 일품이다.

● 옥돔구이

옥돔구이는 도미의 여왕이라는 옥돔을 배를 갈라 소금을 뿌려 꾸덕꾸덕하게 말린 뒤 구운 것으로, 담백한 맛이 일품이다. 구이뿐만 아니라 현지에서는 싱싱한 옥돔으로 미역이나 호박을 넣고 국을 끓이는데 별미로 손꼽힌다. 남해와 제주도 연안에서 잡히는 옥돔은 클수록 맛있다. 흰색, 붉은색, 노란색이 있으며 맛은 흰색이 가장 좋다. 옛날부터 궁중 진상품으로 귀한 생선이었으며, 지금은 인지도가 가장 높은 제주도의 특산품으로 자리 잡고 있다.

● 갈치조림

갈치조림은 신선한 은빛갈치를 큼직큼직하게 썬 무와 함께 푹 익혀 조려낸 것으로, 입에 착 달라붙는 감칠맛이 일품인 밥반찬이자 술안주이다. 갈치조림에는 무 이외에 감자와 무청 시래기, 배추우거지, 푹 익은 김치를 넣어 조리기도 한다. 무를 맛있게 먹으려면 무를 두툼하게 썰어 먼저 익히 다음에 생선과 양념장을 넣고 조린다.

● 깅이조림·볶음

깅이조림은 바닷참게를 달달 볶은 후 양념간장을 붓고 조려 낸 밥반찬이고, 깅이볶음은 바닷참게를 볶은 후 양념간장을 넣고 무친 것이다. 옛날부터 제주에서는 물질하는 해녀들의 선호음식으로 칼슘과 인 등의 무기질이 풍부하여 신경통과 골다공증에 효능이 있는 것으로 알려져 있다. 바닷참게는 통째로 먹는 것이므로 모래를 완전히 털어낼 수 있도록 해감을 충분히 시켜야 한다.

● 롯무침·톳냉국

롯무침은 작은 방울이 옹졸 옹졸 달려있는 갈색의 해조류인 제주도 방언인 톨(롯)을 끓는 물에 데쳐 된장 양념으로 무친 것이다. 톳냉국은 톳무침에 냉수를 부어 만든 것으로, 섬유질과 고혈압에 효과가 있다는 특효성분으로 최근에는 건강식품으로의 입지를 굳건히 하고 있다.

● 고사리전

고사리전은 차례상이나 제사상에 빼놓지 않고 반드시 올리는 향토음식으로 고사리 대신 고비를 이용하면 고비전이 된다. 귀신이 와서 차려 놓은 음식을 보자기 대신에 고사리전을 이용해서 싸간다고 생각했기에 둥근 모양으로 전을 부쳤다고 한다.

마른 고사리를 불릴 때는 고사리를 삶아 낸 뒤 물을 자주 갈아주며 충분히 불려야 쓴맛과 독소 성분을 제거할 수 있다. 고사리를 말릴 때는 꼬부라진 머리 부분을 떼어내고 끓는 소금물에 데쳐내어 말린다.

● 자리·한치 물회

자리 물회와 한치 물회는 제주도에서 여름철에 즐기는 냉국 대용으로, 자리돔이나 한치로 회를 떠서 무친 다음 물을 부어 먹는다 해서 '물회'라는 이름이 붙여졌다. 원래는 먹을 것이 마땅치 않던 무더운 여름에, 물에 된장을 풀고 자리와 한치 썬 것과 여러 가지 채소를 한데 섞어 말아서 먹는데 지금은 별미 향토음식으로 손꼽힌다.

물회 된장을 넣으면 비린내를 없애줄 뿐만 아니라 특유의 향에 국물과 단단한 뼈를 오독오독 씹어 먹는 고소함까지 즐길 수 있다. 자리 물회에는 제피 섶이라는 산초잎을 넣어 그 맛을 더욱 즐길 수 있다.

● 양애장아찌

양애장아찌는 '양하장아찌'의 사투리로 색이 아주 고울 뿐만 아니라 씹히는 질감과 독특한 맛, 향을 가지고 있다. 제주도에서는 양애를 데쳐내어 나물이나 고기와 함께 산적으로 만들어 먹기도 한다. 고추장이나 된장 항아리에 양애를 넣어 장아찌를 만들기도 하나, 주로 소금·식초 물에 담근다. 양애는 소금과 식촛물에 담가야 보랏빛이 진하게 든다.

● 유채김치

유채김치는 봄소식을 가장 먼저 전해주는 유채의 꽃을 버리고 줄기와 잎 부분으로 담그며, 묵은 김치의 지루한 맛을 벗어나게 하는 신선함이 있는 김치이다. 유채는 꽃이 피기 전 연한 줄기와 잎 부분을 이용하여 김치를 담근다. 유채의 씨앗은 채종유로 카놀라유의 원료이다.

● 전복 물김치

전복 물김치는 유자채를 끼운 전복에 무, 청각 등을 함께 넣어 담근 것으로, 물김치가 익을수록 갖가지 재료들이 융합되어 특유한 향과 맛이 아주 뛰어난 물김치이다. 전복은 소금과 솔로 깨끗이 씻은 후 수저를 이용해 살을 떼어 낸다. 유자는 전복의 해물 내를 제거할 수 있는 훌륭한 배합이다.

● 빙떡

빙떡은 메밀가루를 묽게 반죽하여 기름을 두른 번철에 얇게 펴 놓고 가운데에 삶아 양념한 무채를 소로 넣고 말아서 지져낸 떡이다. 돌돌 말아서 만든다고 해서 '빙떡' 또는 멍석처럼 말아 감는다고 해서 '멍석떡'이라고 한다. 빙떡을 부칠 때는 기름을 적게 두르고 얇게 지져야 소가 하늘하늘 비치고 맛이 있다. 강원도의 총떡은 돼지고기 대신 데친 오징어를 사용하여 김치와 섞어서 메밀전병에 소를 만들어 넣어 만든다.

● 오메기떡

오메기떡은 차조가루를 둥글게 빚어 도넛처럼 가운데 구멍을 내고 삶아서 콩가루나 팥고물에 굴린 것으로, 제주도 지방에서는 오메기술을 만들 때 콩 개역(콩고물)을 묻히지 않고 밑떡으로 쓴다. 옛날부터 척박한 땅에서도 잘 자라 중요한 곡물로 재배되어온 조는 그 입질에 따라 차조와 메조가 있으며, 소화 흡수율이 맥류보다 높고 비타민 $B_1$, $B_2$가 많이 함유되어 있으며 무엇보다 저장성이 좋아 장기간 보존하더라도 맛이 변하지 않고 병충해도 적다. 도톰하게 반죽하여 가운데를 엄지손가락으로 꼭 눌러 모양을 내고, 차조가루를 익반죽하여 끓는 물에 삶은 다음, 찬물에 헹궈 물기가 완전히 빠진 후에 고물을 묻혀야 표면이 보슬보슬하며 뜨거울 때 먹어야 제 맛이 난다.

## 8) 황해도

(1) 지역적 특징

황해도는 우리나라의 중서부에 위치해 있으며, 연백평야와 재령평야가 있어 북부 지방의 곡창지대는 쌀과 메조, 수수, 기장, 밀, 콩, 팥 등의 잡곡이 풍부하게 난다. 연백 지방의 흰쌀은 목화, 누에고치와 함께 삼백이라고 불리어졌고, 남부 지방의 사람들이 보리밥을 즐기듯 이 지방에서는 조밥을 많이 먹었다. 해안 지방은 조수간만의 차이가 크고 난류와 한류가 교차되는 지점이기 때문에 수산자원 또한 풍부한 편이였으며, 잡곡, 밀, 닭고기를 음식에 많이 이용하였다. 인심이 좋고 생활이 윤택한 편이어서 음식을 한 번에 많이 만들며 음식의 맛은 짜지도 맵지도 않고, 음식에 기교를 부리지 않아 소박하며 큼직하고 푸짐하다. 김치에 향미채소를 쓰는 것이 특징인데, 배추김치에는 미나리과에 속하는 향이 강한 고수를, 호박김치에는 분디(산초)를 쓴다. 또한 충청도와 비슷하게 호박김치는 늙은 호박으로 담가두었다가 찌개로 끓여서 먹으며, 김치는 특히 시원한 국물을 넉넉하게 하여 만들어 겨울철에 국수나 찬밥을 김치나 동치미국물에 말아 즐겨 먹는다.

(2) 대표적인 황해도음식

① 주식류 : 김치밥, 세아리반(잡곡밥), 해주비빔밥, 비지밥, 남매죽, 칼국수(밀낭화), 씻긴국수, 수수죽, 호박만두, 냉콩국, 밀범벅 등

② 찬류 : 되비지탕, 조기매운탕, 호박김치찌개, 분디(지)장찌개, 김치말이, 김치순두부, 갱엿돼지족조림, 된장떡, 행적(배추김치누름적), 청포묵, 대합전, 묵장떼묵, 순대 등

③ 김치류 : 동치미, 호박김치, 감동젓섞박지, 연안식해, 분디장아찌 등

④ 병과류 : 오쟁이떡, 좁쌀떡, 닭알떡, 무정과, 수리취인절미, 연안인절미, 녹두고물시루떡, 무정과 등

(3) 황해도의 별미음식

- 연안식해

멥쌀밥에 엿기름가루를 섞은 후 조갯살과 대추, 잣, 소금, 참기름을 넣고 섞어서 항아리에 담아 봉하여 만든 일종의 젓갈이다.

● 분디장아찌

산초 꽃봉오리를 간장에 담가두었다가 먹는 장아찌이다. 산골에서 음력 7월경에 산초 꽃봉오리를 따서 다듬어 식초에 보름 정도 담갔다가 식초를 따라내고 산초가 덮일 만큼 진간장을 부어둔다. 사찰음식의 하나로 산초가 익기 전에는 초록색인데, 이것은 장아찌로 이용하고 까맣게 익은 열매는 산초기름을 짠다.

● 남매죽

남매죽은 팥을 삶아 앙금을 낸 후 찹쌀가루를 넣고 죽을 쑨 후 칼국수를 넣어 다시 한 번 끓여낸 이색 팥죽으로 오누이죽이라고도 한다. 예전에는 동짓날뿐만 아니라 더운 삼복에도 복날마다 팥죽을 쑤었는데, 이는 한여름에 질병을 일으키는 역신을 막기 위해서였다고 한다. 팥을 삶을 때 처음 팥물이 끓으면 반드시 다 쏟아버리고 새로 물을 붓고 팥알이 충분히 퍼지도록 푹 삶는다. 팥죽은 기호에 따라 설탕을 넣기도 한다.

● 냉콩국

냉콩국은 콩을 삶아 갈아서 국물을 낸 후 남쪽 지방의 국수나 우무 채 대신에 차수수 경단을 넣어 먹는 북쪽 지방의 별미음식으로 국물의 고소함과 차수 수 경단의 쫄깃함이 환상을 이룬다. 콩을 오래 삶으면 메주 냄새가 나므로 단시간에 잘 삶는다. 흰콩에 볶은 참깨, 땅콩, 호두, 잣 등의 견과류를 넣고 함께 갈면 더욱 고소하다.

● 되비지탕

되비지탕은 돼지갈비와 콩비지, 배추 우거지를 넣고 푹 끓인 빡빡한 찌개 형태로 구수하고 깊은 맛이 잘 어우러져 환상을 이룬다. 콩의 완전단백질의 보충으로 영양학적 가치가 우수한 별미음식이며 이른 봄에는 쑥을 넣어 끓이기도 한다. 되비지는 불린 콩을 맷돌이나 믹서에 갈아 두유를 빼지 않은 되직한 상태의 것으로 '콩비지'라고도 한다. 반면 비지는 콩을 삶은 후 베주머니에 넣고 두유를 짜고 남은 찌꺼기를 말한다.

● 행적

행적은 겨울 김장김치를 털어 밀가루와 달걀을 입혀서 지진 지짐 누름적으로 정월 차례상에 올린다. 김장김치가 익는 정초에 주로 만들어 먹으며 김치 한 가지만 끼우기도 하지만, 고기나 움파, 고사리 등의 다른 부재료를 꿰어서 부치기도 한다. 북쪽 지방의 김장김치는 양념과 소를 적게 넣고 젓갈을 쓰지 않아 담백하고 시원한 맛이 난다.

● 고기전

고기전은 소고기를 저며 양념해 두었다가 밀가루와 달걀옷을 입혀 지져낸 육전으로, 차례상이나 제상에 빠뜨리지 않고 올리던 음식이다. 밀가루를 충분히 고루 묻혀 지져야 눌러붙지 않으며, 밀가루 대신 찹쌀가루나 녹말가루를 써도 좋다.

● 갱엿돼지족 조림

갱엿돼지족 조림은 돼지족을 삶아 갱엿과 간장, 향신료 등을 넣고 뭉근한 불에서 윤기 나게 조려 누린 맛을 없앤 별미음식으로 식혀 먹어야 꼬들꼬들하면서 입에 착 감기는 제 맛을 즐길 수 있다. 돼지족과 향신 재료를 넣고 애벌 삶을 때 반드시 뚜껑을 열어야 누린내가 제거된다. 애벌 삶아 낸 후 찬물에 헹구어 씻으면 육질이 꼬들꼬들해진다.

● 고수김치

고수김치는 미나리과에 속하는 향이 아주 강한 향신료인 향채를 주재료로 한 황해도와 개성 사람들이 특히 잘 먹고 특히 사찰의 스님들이 즐겨 먹는 김치이다. 황석어젓 대신 조개젓을 넣어도 좋다. 고수의 향이 너무 진하면 고수를 하룻밤 물에 담가 향을 우려내거나 무채를 섞어서 담근다.

● 오쟁이떡

오쟁이떡은 찹쌀가루를 쪄서 안반에 놓고 쳐 인절미를 만든 뒤, 붉은 팥소를 넣고 작은 고구마 크기로 빚어 콩고물을 묻힌 것으로 서민들의 식사대용으로도 손색이 없는 소박한 떡이다. 겨울철에 배가 출출할 때 석쇠에 구워먹으면 그 맛은 일품이다. 팥 소 대신 녹두 소를 넣고 만들어 콩고물을 묻히면 개성 지방에서 많이 만들어 먹는 배피떡이 된다. 찐 떡 덩이를 절구에 넣고 칠 때 반드시 소금물을 발라주면서 쳐야 소금간이 맞아서 고소하고 맛이 있다. 안반에 칠 때 떡메로 내려치고 앞으로 밀면서 치면 잘 쳐진다.

● 닭알떡

닭알떡은 찹쌀가루와 멥쌀가루를 섞은 다음 익반죽하여 가운데에 거피팥 소를 넣고 둥글고 가름하게 빚어 끓는 물에 삶아 건져서 녹두 고물을 입혀 만든 것으로, 떡의 모양이 달걀처럼 생겼다고 해서 붙여진 이름이다. 황해도 지방의 토속성이 짙게 배어있는 것으로 모양이 사치스럽지 않고 수

더분하며 구수한 맛으로 잔치나 명절에 먹는 떡이라기보다는 겨울의 농한기나 여름에 한가함을 즐길 수 있는 소박한 떡이다. 고물은 기호에 따라 달리할 수 있으며 붉은색 고물은 붉은 팥으로, 하얀색 고물은 거피팥으로, 노란색 고물은 거피 녹두를 사용하면 삼색이 어울려 더욱 아름답다.

● 무정과

무정과는 무를 삶아내어 여러 가지 색의 설탕 시럽에 투명하고 윤기 나게 조려 다양한 모양으로 만든 한과이다. 쫄깃하게 씹히는 맛과 우수한 저장성뿐만 아니라 그 색과 모양이 아름다워 잔칫상이나 이바지상의 웃기로 많이 올려진다. 색을 낼 경우는 시럽에 여러 가지 색의 시럽을 나누어서 각각 조린다.

## 9) 평안도

### (1) 지역적 특징

우리나라의 북서쪽에 위치한 평안도는 동쪽은 산이 험하지만, 서쪽은 평야가 넓어 곡식이 많이 생산되고 황해안과 접해 있어서 해산물이 또한 풍부하다. 옛날부터 중국과 교류가 많아 평안도 사람의 성격은 진취적이고 대륙적이다. 따라서 음식의 재료, 모양, 맛 등은 황해도 음식의 특징과 비슷하여 음식이 큼직하고 푸짐해서 먹음직스운데, 특히 겨울에 먹는 음식이 다른 지방보다 발달해 있다. 겨울이 추운 지방이어서 기름진 육류 음식을 즐겨 먹고, 밭에서 많이 나는 콩과 녹두로 만드는 음식도 많다. 간은 삼삼하게 맵고 짜게 먹지 않으며 모양에 별로 신경을 쓰지 않고 양도 푸짐하다.

음식 중에서 국수를 즐겨 먹고, 겨울에는 냉면, 여름에는 어복쟁반이라는 쟁반국수를 즐겨 먹는다. 냉면은 동치미 국물에 말고, 꿩탕에도 말아 먹는다. 만두는 큼직하게 빚고, 떡도 큼직하게 만든다. 평안도 지방에서는 평양의 음식이 가장 널리 알려져 있는데 그 중 평양냉면, 어복쟁반, 순대, 온반 등이 유명하다. 곡물로 만든 음식은 조밥이 많고, 장국밥 같은 온반, 장국수 같은 온면이 유명하고, 김칫국에 마는 김치말이를 잘 먹는다. 죽은 닭죽과 어죽이 있는데, 강변에 나가서 만들어 먹는 야외놀이 음식이다.

### (2) 대표적인 평안도음식

① 주식류 : 평안온반, 김치밥, 닭죽, 어죽, 생치만두, 만두국, 굴만두(굴린만두), 느릅쟁이국수, 강량국수, 온면, 김치말이냉면, 평양냉면 등

② 찬류 : 어복쟁반, 고사리국, 숭어국, 잉어국, 내포중탕, 빈대떡, 순대, 조기자반, 녹두지짐, 돼

지고기편육, 더덕전, 콩비지 등

③ 김치류 : 냉면김장김치, 백김치, 동치미, 가지김치 등

④ 병과류 : 송기떡, 노티(놋티), 녹두빙자병, 꼬장떡, 계피떡, 과줄, 엿, 태석(식) 등

⑤ 주류 : 감홍로

(3) 평안도의 별미음식

● 평양온반

대접에 흰밥을 담고 소금간을 한 닭고기 국물을 부은 다음, 닭고기와 함께 녹두지짐을 고명으로 얹어 낸다.

● 과줄

유밀과의 하나로, 꿀물 혹은 끓인 설탕물과 밀가루를 섞어 반죽을 한 뒤에 과줄판에 박아서 기름에 지져 속까지 검은 빛이 나도록 익힌다. 약과, 정과, 다식 등을 통틀어 일컫는다.

● 꼬장떡

멥쌀가루와 좁쌀가루를 섞어 반죽하여 만든 삶은 떡의 일종으로, 반죽을 둥글게 빚어 끓는 물에 삶아 건진 후 찬물에 헹구고 참기름을 바른 뒤 콩가루나 팥고물을 묻힌 떡이다.

● 태석(식)

조청을 만들어 그 속에 찹쌀미숫가루 또는 볶은 참깨, 볶은 들깨 등을 각각 넣어 떠먹게 만든 것이다. 근친 갔던 색시가 시댁에 돌아올 때 나무함지박 하나 가득히 만들어 가지고 와서 일가친척에게 돌리던 엿이다.

● 평양냉면

평양냉면은 메밀가루를 익반죽하여 냉면 틀에 눌러서 국수를 빼내어 바로 삶아서 먹는 것으로, 눌러서 만드는 압출면(압착면)의 대표적인 음식이다. 대체적으로 냉면은 시원하여 여름에 즐겨 먹는 음식이지만, 냉면을 좋아하는 사람은 추운 겨울에 더운 방에서 이가 시리도록 차가운 냉면을 먹는 것이 더욱 진미이다. 강원도에서는 메밀로 만든 냉면을 아무나 언제든지 먹을 만큼 흔하다고 해서 '막국수'라고 불린다.

● 굴림만두

굴림만두는 만두피 없이 만두소만을 둥글게 빚어 밀가루에 굴려 삶은 다음 육수를 부어 먹는 간편한 만둣국이다. '굴림'은 밀가루에 굴렸다 해서 붙여진 이름으로, 밀가루가 귀한 산간 지방의 지혜로움을 엿볼 수 있다. 만두소는 고루 치대어 밀가루 옷을 충분히 입혀야 삶을 때 풀어지지 않는다. 꿩만두나 준치만두도 살을 곱게 다져 빚은 후 녹말을 묻혀서 굴림만두처럼 만든다.

● 어복쟁반

어복쟁반은 놋쟁반에 갖가지 고기 편육과 채소류를 푸짐하게 담고 가까운 사람끼리 둥글게 모여 앉아 육수를 부어가며 먹는 추위를 이기게 하는 일종의 전골이자 온면으로, 의리 있고 인정 많은 평안도 사람들의 기질이 잘 표현된 음식이라 할 수 있다. 어복쟁반의 '어복'은 소의 뱃살인 '우복'을 뜻하며, 중간중간에 뜨거운 육수를 보충해 가며 끓여 먹는다.

● 내포중탕

내포중탕은 돼지 내장과 배추김치, 여러 가지 채소와 메밀가루를 함께 넣고 끓인 걸쭉한 돼지의 내장찌개로, 누린 맛을 없앤 구수하면서도 푸짐하여 주식 대용으로 먹기에도 손색없는 별미음식이다.

● 녹두지짐

녹두지짐은 녹두를 물에 불렸다가 맷돌에 갈아 돼지고기와 김치, 고사리를 넣고 반죽한 다음 번철에 지져 명절이나 잔칫상에 빠지지 않고 올리던 음식으로, 지금은 외국인에게 대한민국의 대표음식으로 알려져 있다. 황해도에서는 '막부치', 평안도에서는 '녹두지짐', '지짐이'로 불리며, 지방마다 재료와 크기가 다르다. 돼지고기는 볶아서 익힌 것을 올려도 좋으며 느타리버섯과 숙주를 데쳐서 넣기도 한다. 식용유 대신 돼지기름을 사용해야 바삭바삭한 녹두지짐 특유의 맛을 즐길 수 있다.

● 노티떡

노티(놋치)떡은 찹쌀가루와 찰기장가루, 찰수수가루를 익반죽한 뒤 엿기름을 넣고 삭혀서 번철에 지져 낸 것으로, 과자에 가까운 독특한 맛을 내는 오래두고 먹을 수 있는 평안도 지방의 유명한 향토떡이다. 평양 지방에서는 추석 전날 달밤에 노티떡을 만들어 가까이 지내는 사람들에게 귀한 선물로 보내기도 하고, 멀리 유학 간 자녀들에게 보낼 정도로 오래두고 먹을 수 있는 떡이었다고 한다. 센 불에서 지지면 색깔이 검어지고 타기 쉬우므로 약한 불에서 서서히 익힌다. 오래두고 먹어도 노화가 잘되지 않는 떡이므로 간식용으로 적당하다.

● 호두강정

호두강정은 다과상에 차와 함께 올리는 귀한 과자로 뜨거운 물에 담가 떫은맛을 뺀 호두를 설탕시럽에 조려서 기름에 튀겨내는 것으로 윤기 나는 강정의 모양뿐만 아니라 고소하고 달콤한 맛이 오랫동안 입 안 가득히 남는다. 호두는 특유의 떫은맛이 있기 때문에 떫은맛을 제거하기 위해 뜨거운 물에 담가두어야 한다. 호두를 튀길 때 튀김 기름의 온도가 높으면 쉽게 새까맣게 타버리므로 반드시 낮은 온도에서 튀겨야 한다.

## 10) 함경도

(1) 지역적 특징

함경도는 우리나라의 가장 북쪽에 위치하며 백두산과 개마고원이 있는 험악한 산간지대여서 논농사는 적고 밭농사를 많이 한다. 특히 잡곡이 풍부하여 주식이 기장밥, 조밥과 같은 잡곡밥이며, 조와 수수는 남쪽 지방과는 달리 매우 차지고 맛이 구수하다. 또한 근처의 인접한 동해에서는 명태, 청어, 대구, 연어, 정어리 등 여러 가지 생선이 잘 잡힌다. 함경도는 감자 또는 고구마 전분을 이용한 음식이 많은데, 녹말을 가라앉혀서 국수를 만드는 것이 발달하였다. 함흥냉면은 녹말을 반죽하여 국수틀에 눌러 국수를 만들어 홍어, 가자미 등의 생선으로 만든 매운 생선회를 냉면국수에 비벼 먹는 독특한 음식이며, 다짐은 고춧가루에 갖은 양념을 하여 만든 함경도식의 매운 양념으로 이를 음식에 많이 이용한다. 음식의 모양은 큼직하며 장식이나 기교를 부리지 않고 간은 짜지 않지만, 고추와 마늘 양념을 많이 사용하여 진한 맛을 즐기기도 한다.

함경도 지방은 김장을 11월 초순부터 담그며 주로 새우젓, 멸치젓을 조금 넣고 동태, 가자미, 대구 등의 생선을 썰어 무나 배추김치 소에 넣으며 김칫국물은 넉넉히 한다. 동치미도 담가 땅에 묻어 놓고 이 동치미국물로 냉면이나 밥을 말아먹는다. 또 콩의 질이 좋아 콩나물을 살짝 삶아 김치를 담아먹기도 한다.

(2) 대표적인 함경도음식

① 주식류 : 잡곡밥, 닭비빔밥, 강냉이밥, 기장밥, 찐조밥, 귀밀밥, 얼린 콩죽, 가랏죽, 섭죽, 감자국수, 회냉면, 감자막가리, 만두 등

② 찬류 : 명태국, 단고기국, 천엽국, 다시마냉국, 되비지찌개, 비웃(청어)구이, 원산해물잡채, 북어찜, 영계찜, 두부찜, 두부회, 닭섭산적, 임연수구이, 동태순대, 콩무침, 북어찜 등

③ 김치류 : 콩나물김치, 대구깍두기, 채칼김치, 산갓김치, 가자미식혜, 도루묵식혜 등

④ 병과류 : 가랍떡, 콩떡, 언감자떡, 귀밀떡, 귀밀송편, 달떡, 괴명떡, 인절미, 오그랑떡, 산자, 태석, 약과, 콩엿강정, 들깨엿강정 등

⑤ 음청류 : 보리감주

⑶ 함경도의 별미음식

● 가릿죽

쌀을 되직하게 쑨 흰죽을 그릇에 담고 그 위에 고기, 선지, 육회, 두부 등을 고명으로 얹어, 뜨거운 고깃국물을 부은 것이다. 사골을 찬물에 담가 피를 빼고, 양지머리 등을 섞어 푹 고아 고기는 건져 찢어서 양념하여 고명으로 하고, 국물을 식혀 기름을 제거하여 간을 맞춘다. 선지는 끓는 물에 삶고 찬물에 헹구어 피를 뺀다.

● 섭죽

담치(섭조개)국에 쌀을 넣고 쑨 죽으로, 담치로 맑은 장국을 끓이거나 그대로 푹 고은 것에 쌀을 넣고 끓인 죽이다.

● 달떡

멥쌀가루를 찌고 절구나 떡판에 쳐서 달 모양으로 둥글게 빚어 줄무늬 떡살을 찍어 참기름을 바른 떡이다. 함경도, 평안도 지방에서는 혼례 시 달떡을 놋동이에 여러 켜 담고 그 위에 꽃을 꽂는다.

● 괴명떡

찹쌀가루를 반죽하여 무쇠가마에서 구운 떡이다. 미지근하게 데워진 무쇠솥에 떡반죽을 아기 주먹만 하게 빚어서 넣고, 부풀어 오르면 뒤집어 다시굽기를 두서너 번 거듭 한 다음 꺼내어 소금물에 잠시 담갔다가 건져 참기름을 바른다.

● 잣죽

잣과 쌀을 곱게 갈아서 한데 쑨 고운 무리죽으로, 향기가 훌륭하고 영양가도 우수하여 궁중에서 초조반의 죽상에 가장 많이 올려졌다. 잣은 송자 7, 백자 7, 해송 자구라고 불리며 자양강 연장, 수명 연장의 효능을 가지고 있다. 잣죽은 식으면 묽어지는 경향이 있으므로 약간 되직하게 쑨다. 쌀과 잣을 함께 갈거나 죽을 쑬 때 지나치게 젓거나 소금간을 미리하면 빨리 삭는 경향이 있다.

• 북어전

손질해서 양념한 북어를 밀가루와 달걀물을 입히고 지져낸 것으로, 조선 후기에 이르러 관혼상제에 빠지지 않는 담백한 음식이다. 생은 생태, 얼린 것은 동태, 말린 것은 북어 또는 황태, 명태 새끼는 노가리, 반쯤 말린 것은 코다리라 하는 등 명태는 가공 상태에 따라 그 이름이 다양하다. 뜨거운 전을 바로 접시에 포개어 담으면 눅눅해지고 달걀을 입힌 것이 벗겨지기가 쉬우므로, 반드시 채반에 펼쳐놓았다가 한 김 식은 후에 접시에 모양 있게 담아 상에 낸다.

• 규아상

일명 '미만두'라고도 하며 여름에 먹는 찐만두이다. 해삼 모양처럼 빚는데 오이, 표고버섯, 소고기를 익혀서 소로 이용하므로 잠깐만 쪄내어도 된다. 만두를 쪄낸 후 접시에 담아 그대로 두면 뜨거워 만두끼리 붙거나 접시 바닥에 닿아 찢어지기 쉬우므로, 참기름 섞은 소금물을 뿌려 달라붙지 않도록 해야 한다.

• 편수

'물 위에 조각이 떠 있는 모양'이라고 하여 붙여진 이름으로, 여름에 차게 해서 먹는 네모진 모양의 만두이다. 편수는 쪄서 그대로 초간장에 찍어먹기도 하고, 차게 한 장국을 부어먹기도 한다. 『규합총서』에서는 송도(개성)편수가 유명한데, 변씨만두라고도 하며 주로 정월 명절날에 만들어 먹었다고 한다. 편수를 빚을 때 네 귀를 꼭꼭 마주잡아 붙여야 완성 시 벌어지지 않는다.

• 설렁탕

소머리, 내장, 도가니, 사골 등을 푹 고은 국으로 설렁탕, 선농탕, 설농탕 등으로 표기되어 왔다. 홍선표의 『조선요리학』에서 설렁탕의 유래를 살펴보면, "농사가 천하의 대본이었기에 농사를 다스리는 선농에게 바치는 신라시대 이래 국가 규모의 제사 인선농제 때 왕은 지금의 동대문 밖 제기동에 있는 선농단으로 거동하여 직접 친경을 한다."라고 기록되어 있다. 설렁탕은 한국음식 중에서 계절과 남녀노소에 관계없이 가장 많이 애용되는 탕류이다. 국물을 뽀얗게 우릴 때 처음 낸 국물은 따로 받아두고 재차, 삼차 내는 국물과 섞어서 사용한다.

• 대합구이

다진 대합살과 소고기, 채소류를 섞어 만든 소를 대합껍질에 채워서 밀가루와 달걀옷을 입힌 다음, 번철에 지져 석쇠에 구운 음식으로 주안상이나 손님상에 올리는 화려하고도 귀한 찬물이다. 조갯살은 일단 익혀서 물기를 없앤 후 대합껍질에 채워 넣어야 한다. 생으로 다져 껍질 안에 채워서 구우면 물이 흐르고 오그라들어 볼품이 없어진다. 대합을 통째로 구울 때는 조갯살(패주)이 붙은 쪽을 불에 대고 구워야 조개의 국물이 바깥으로 빠지지 않는다.

● 전복초

생전복의 살만 떼어내어 데친 다음 조림장으로 조린 귀한 찬물로서 윤기나게 조린다는 의미이다. 조갯살을 오래 데치면 질겨지므로, 물이 끓어오르기 시작하면 살짝 데치고 바로 꺼내 조림장에 조린다.

● 갑회

소의 신선한 양, 천엽, 간을 얇고 넓적하게 저며서 잣을 한 알씩 넣고 말아 깨소금, 참기름, 후춧가루, 소금을 한데 섞어 만든 기름소금을 곁들인 회를 말하는 것으로 '각회, 각색회'라고도 한다. 회감을 모두 가는 채로 썰어 파, 마늘, 생강 다진 것 등을 넣은 기름소금으로 고루 무쳐서 담기도 한다. 기름소금 대신에 겨자장을 곁들여 내기도 한다.

● 통배추김치

배추를 썰지 않고 통째로 절여 배춧잎 사이사이에 소를 넣어 담그는 대표적인 김치이다. 북쪽은 싱겁고 맵지 않고 국물이 있는 편이며, 남쪽은 짜고 매우며 국물 없이 담그고, 중부 지방은 간도 국물도 중간 정도이다. 젓국으로 북쪽은 새우젓과 조기젓을, 남쪽은 멸치젓과 갈치젓을, 중부 지방은 새우젓, 까나리액젓, 조기젓 등을 주로 쓴다. 통배추는 소금만 뿌려서 절이면 수분이 빠지지 않아 골고루 절여지지 않으므로 소금물에 절여야 제 맛을 낼 수 있다. 이때 소금물이 너무 짜면 잎 부분만 빨리 절여지며 줄기는 절여지지 않고, 너무 오래 절이면 배추의 단맛이 빠져나가 김치의 맛이 떨어진다.

● 백김치

배추에 고춧가루를 쓰지 않고 무채, 밤, 배, 대추, 석이버섯, 실고추 등으로 속을 넣고 양지머리 육수나 과즙의 국물을 자작하게 부어 익힌 깨끗하고 시원한 김치로 담백한 맛이 일품이다. 평안도를 비롯한 추운 북쪽 지방에서도 즐겨 먹는 김치로, 배추를 소금물에 절여 시원한 국물맛이 우러나도록 담그는 것이 중요하다.

● 진달래화전

'두견화전'이라고도 하고 웃기떡으로 주로 쓰이며 삼월 삼짇날에 먹던 시절음식이다. 이외에도 그 계절에 피는 꽃을 이용하여 맨드라미화전, 배꽃전, 복숭아꽃전, 백합꽃전, 석류화전, 옥잠화전, 감국잎화전 등을 만들며 계절에 상관없이 대추, 밤, 잣, 석이버섯 채를 고명으로 얹어서 지져 내기도 한다. 화전의 반죽은 많이 주물러야 몸이 곱고 빚을 때 갈라지지 않는다. 찹쌀반죽은 지질 때 서로 붙지 않게 떼어놓고 숟가락으로 눌러가며 지진다.

● 매작과

매작과는 그 모양이 "마치 매화나무에 참새가 앉은 모습과 같다"고 하여 한자로 '매화 매', '참새 작' 자를 써서 매작과라고 하는데, 매잣과·매잡과·매엽과·타래과 등 여러 이름으로 불리며 손님 접대용의 다과상이나 어린이 간식용으로 많이 쓰인다. 생강과 수삼은 즙을 내지 않고 그대로 갈아서 밀가루에 섞어 반죽하기도 하며 반죽의 색은 당근즙, 흑임자가루, 포도, 커피가루 등을 이용하여 낼 수 있다.

● 보리수단

푹 삶은 보리쌀에 녹두녹말을 묻혀 끓는 물에 삶아 건져 물에 헹구는 과정을 반복하여, 통통하고 투명하게 옷을 입힌 보리쌀 알을 볼그스레한 오미자국물에 띄운 전통음료이다. 보리는 맛이 달고 짜며, 성질은 서늘하여 소화를 잘되게 하며 식체나 설사를 치료하고 소변을 잘 통하게 하여 몸이 붓는 것을 치료한다고 알려져 있다. 삶은 보리에 녹말가루를 입힐 때 물기를 완전히 뺀 후에 다시 녹말가루를 덧입혀야 옷이 투명하게 입혀지고 보리알이 굵어진다. 오미자를 물에 우릴 때는 생수나 끓여 식힌 물을 사용해야 하는데 오미자를 끓이면 쓴맛이 강해지므로 주의해야 한다.

● 감자막가리만두

생감자를 갈아 건지와 가라앉힌 앙금으로 만두피를 만들어 쪄낸 것으로, 밀가루가 귀한 산간 지방의 특산물로 껍질의 쫄깃한 맛이 별미이다. 소는 보통 만두소를 넣어도 되지만, 돼지고기와 부추만을 넣는 것이 담백하다. 반죽이 너무 질 때는 마른 감자녹말 가루를 첨가하면 반죽하기가 쉽다.

● 함흥냉면

일명 시중에서 비빔냉면으로 널리 알려져 있고, 회를 무쳐 넣었다하여 '회냉면'이라고도 한 다. 홍어를 굵은 채로 썰어 식초에 담갔다가 매운 양념으로 무친 홍어회를 국수에 얹어서 낸다. 원래 함경도 지역에서는 홍어보다는 참가자미가 많이 잡혀 이를 회로 하였다고 한다. 함흥냉면의 특징은 국수발이 소 힘줄보다 질기고 오들오들 씹히는 데에 있다. 비빔냉면은 홍어회 대신 북어포를 물에 불려 양념장에 무쳐도 된다. 메밀국수는 너무 오래 삶으면 쫄깃하지 않고 다 풀어진다.

● 아바이순대

주로 돼지의 대창 속에 익힌 찹쌀밥, 선지, 여러 가지 부재료 등의 소를 넣고 쪄낸 것이다. 아버지의 함경도 사투리인 '아바이'가 의미하는 대로 크고 푸짐하여 주식 대용이 가능하며, 다른 지방의 찹쌀밥을 넣지 않은 작은창자를 이용한 순대와는 색다른 특징이 있다. 경상도 지방에서는 돼지의 작은창자에 찹쌀밥과 우거지를 넣지 않고 순수한 선지만 넣고 삶아 잔칫상에 내는데, 혀에 감기는 선지 특유의 순대맛을 즐길 수 있다.

● 두부전

콩이 좋은 함경도에서 두부지지미, 두부저냐, 연포전 등으로 불리며, 제사상에는 빠지지 않고 반드시 올리는 아주 친숙한 반찬이다. 두부는 우리나라를 비롯한 일본, 중국에서 즐겨 먹던 동양권 식품인데, 지금은 서양에서도 우수한 건강식품으로 각광받는다. 두부음식에는 '포'라고 붙는 것이 많으며, 두부가 연할수록 전이 부드럽다.

● 청어구이

기름진 등푸른생선인 청어를 웃소금만 뿌린 후 석쇠에 구워낸 것으로, 고소하면서도 감칠맛에 젊음을 지켜주는 건강식품으로 각광을 받고 있다. 서울과 경기 지방에서는 청어를 '비웃'이라 하며, 이는 청어가 값싸고 맛있어 서울의 가난한 선비들이 잘 먹은 고기라 비유한 데서 유래되었다고 한다. 경상도 지방의 '과매기'는 청어의 머리와 내장을 제거한 다음, 솔잎을 땔 때 나오는 향연으로 훈제하여 말린 것이다. 청어의 알은 유난히 크고 노란데, 영남 해안 지방에서는 부녀자들이 날을 받아 청어 알을 먹으면서 청어 알만큼이나 풍성한 다산을 기원했다고 한다.

● 가자미식해

가자미에 조밥과 고춧가루, 무채, 엿기름을 한데 버무려 삭힌 것으로 새콤하면서도 매운맛이 독특하다. 술안주나 밥반찬으로 잘 어울리며, 생선과 밥의 조화라는 점에서 일본 '스시'의 원조라고 볼 수 있다. 가자미 외에 생태, 도루묵으로도 식해를 만들었으며, 밥을 지을 때는 반드시 메좁쌀로 지었다. 간편한 방법으로는 가자미를 소금에 하룻동안 절인 다음 면보에 싸서 큰 돌로 눌러두기도 한다.

● 들깨엿강정

들깨(참깨, 흑임자)를 각각 씻어 일어 타지 않게 볶은 것을 뜨거운 엿물에 넣고 버무려 밀어 굳힌 다음, 여러 가지 모양으로 잘라낸 것으로 주로 겨울철에 많이 먹는 전통적인 한과이다. 계절을 구분하지 않고 누구나 즐겨 먹는 영양학적으로도 우수한 우리의 전통과자이다.

## 4. 한국음식 조리법 각론

### 1) 한국요리 자체의 특징

① 주식과 부식이 확연하게 구분되고 부식의 숫자가 많다. 한국음식은 밥을 중심으로 하여 여기에 따르는 반찬을 먹는 것이 가장 일상적인 형태로, 주식과 부식이 여러 가지 종류와 조리법으로 발달하였다.

② 외국음식에 비해 써는 법(다지는 법) 등이 많이 쓰여, 육류요리는 소화가 잘되고 먹기 편한 점이 있으나 시간과 노력이 많이 든다.

③ 곡물류의 가공 조리법이 다양하게 발달되었고 저장식품이 발달하였다. 떡, 김치와 기타 발효음식이 발달하였고, 건조 및 조림음식도 발달하였다.

④ 음식의 모양보다 맛을 위주로 한다.

⑤ 음식의 종류와 조리법이 매우 다양하다.

⑥ 음식의 맛이 다양하고 향신료를 많이 사용한다. 한국음식은 이른바 '갖은 양념'이라고 하여 음식의 재료가 가지고 있는 맛보다는 여러 가지 양념을 많이 하여 생긴 복합적인 맛을 즐긴다.

⑦ 시식과 절식이 발달하였다.

⑧ 조반, 석반을 중히 여긴다.

⑨ 곡물을 중히 여겨서 곡물음식이 발달하였다.

⑩ 음식에 대하여 '의식동원'의 기본정신이 있다. "좋은 음식은 몸에 약이 된다."는 근본사상이 나타나 있다. 보통 음식에 한약의 재료인 곧 인삼, 생강, 대추, 밤, 오미자, 구기자, 당귀 등이 흔히 들어간다.

### 2) 한국음식의 분류

한국 전통음식은 약 2,800여 가지이며, 주식류에는 밥, 죽, 면이 있고, 부식류는 국, 찌개, 전골, 찜과 선, 구이, 적과 적, 조림과 초, 편육과 족편, 생채와 숙채, 쌈, 회, 마른반찬, 젓갈, 김치 등이 있다. 후식류로 떡과 과정류, 음청류로 나눌 수 있다.

(1) 주식류

① 밥

우리의 주식인 밥은 흰쌀밥과 여러 가지 잡곡(보리, 수수, 기장, 콩, 팥)을 섞어 지은 잡곡밥이 있다. 밥은 대표적인 주식으로 쌀을 비롯한 곡류에 물을 붓고 가열하여 호화시킨 음식으로, 우리나라 주식 중 가장 기본이 되는 음식이다. 밥은 흰밥과 쌀, 보리, 조, 수수, 콩 등을 넣어 섞어 지은 잡곡밥과 채소류, 어패류, 육류 등을 함께 섞어 지은 별미밥, 밥 위에 각종 나물과 고기 등을 얹어 비벼 먹는 비빔밥 등이 있다. 밥맛은 쌀의 저장 정도, 쌀과 물의 분량, 용기의 크기 및 종류, 밥 짓는 시간 등에 의해 영향을 받는다. 밥을 지을 때 20~30분 정도 불린 후 가열하는 것이 좋다.

② 죽, 미음, 응이

양식이 부족했던 때는 많은 식구들이 나눠먹기 위해 죽을 끓였으나, 지금은 별식으로 먹는 경우가 많은데 죽, 미음, 응인, 곡물로 만드는 유동식으로 방법에 따라 약간의 차이가 있다. 죽은 곡물에 5~7배 정도의 물을 넣고 오래 끓여 호화시킨 것이며, 미음은 쌀 분량의 10배 정도의 물을 넣고 푹 고아 고운 체에 받친 것이다.

응이는 곡물의 전분가루를 말렸다가 물에 풀어 마실 수 있을 정도로 익히는 것이다. 죽에는 쌀알의 형태에 따라 그대로 끓이는 옹근죽, 쌀알을 반만 갈아 끓이는 원미죽, 완전 곱게 갈아 쑤는 무리죽이 있다.

죽은 재료에 따라서 곡류만 넣어 끓이는 흰죽, 콩죽, 녹두죽, 팥죽, 잣죽, 호두죽과 채소를 넣어 끓이는 호박죽, 콩나물죽, 아욱죽 등이 있고, 육류와 어패류를 넣어 끓인 장국죽, 홍합죽, 전복죽, 타락죽, 행인죽 등이 있다.

미음의 종류에는 쌀미음, 차조미음, 삼합미음 등이 있고, 응이는 수수응이, 연근응이, 율무응이 등이 있으며, 암죽은 모유가 부족할 때 대용식 및 이유식으로 쓰였으며 식혜암죽, 쌀암죽, 떡암죽, 밤암죽이 있다. 즙은 허약한 사람에게 보양식으로 쓰였던 것으로 양즙, 육즙이 있다.

③ 면

- 국수류 : 대표적인 가루음식으로 잔칫상에 오르는데, 이는 대접받는 사람의 장수를 비는 마음으로 장만했다. 평상시에는 점심식사용으로 먹는다. 국수용 육수는 고기육수, 멸치육수 등이 사용되며, 면은 곡물이나 전분의 종류에 따라 밀국수, 메밀국수, 칡국수, 강량국수, 쑥국수, 미

역국수 등이 있다. 국수 종류에는 국물을 따듯하게 해서 먹는 온면으로 장국수, 칼국수 등이 있고, 차게 해서 먹는 냉면으로 무냉면, 비빔냉면, 냉콩국수, 메밀국수 등이 있으며, 국물을 사용하지 않고 먹는 비빔국수 등이 있다.

- 만두류 : 밀가루반죽을 얇게 밀어서 소를 넣은 후 빚어, 장국에 삶거나 찐 음식으로 중국에서 우리나라로 유입된 음식을 북쪽 지방 사람들이 즐겨먹었다. 만두의 종류는 사용되는 피와 소의 재료에 따라 다양하다. 껍질을 얇게 밀어 둥글게 만든 다음 소고기, 배추, 숙주, 두부 등으로 소를 넣어 육수에 삶는 만두와 만두피를 사각으로 만들어 소고기, 호박, 숙주, 잣 등을 볶아 소를 넣어 만든 편수, 만두에 주름을 잡아 해삼 모양으로 빚어 담쟁이 잎을 깔고 쪄서 먹는 규아상 등이 있다. 병시는 반달형으로 주름이 없고, 규아상은 해삼 모양이며, 만두는 계절에 따라 봄에는 준치만두, 여름에는 편수와 규아상, 겨울에는 생치만두, 김치만두를 먹는다.
- 떡국 : 멥쌀가루를 찐 다음에 가래떡 모양으로 만들어서 어슷하게 썰은 후 육수에 넣어 끓여 먹는다. 궁중에서는 둥글게 썰어 장국에 끓이는 것으로 '병탕'이라고 하였으며, 설날에 먹는 절식으로 개성 지방에서는 조랭이떡국, 충청도 지방에서는 생떡국 등을 즐겨 먹는다.

⑵ 부식류

약 1,500여 가지로 전체 한국음식의 약 50%를 차지하며, 주식을 보조하고 일상 섭취하는 보조음식은 국, 전골·찌개류, 나물·생채, 구이, 조림·지짐이, 볶음·초류, 누르미·누름적, 전류, 선·찜류, 강회·무침·수란·회류, 마른반찬, 순대·조견·편육·쌈·김치·장아찌, 젓갈·식해, 묵, 두부 등이 있다.

① 국

갱(羹)이나 탕(湯) 등을 일컫는 것으로 맑은장국, 토장국, 곰국, 냉국 등으로 나눌 수 있다. 간장으로 간을 맞춰 끓인 맑은장국으로 콩나물국, 대합탕, 북어국, 미역국, 무국 등이 있고, 된장, 고추장으로 간을 한 토장국으로 냉이국, 시금치국, 아욱국, 배추속대국 등이 있으며, 고기나 뼈를 푹 고아서 소금으로 간을 한 곰국으로 곰탕, 삼계탕, 육개장, 설렁탕, 갈비탕 등이 있다. 여름철에 오이, 미역 등으로 신맛을 내어 입맛을 돋우는 냉국으로 오이냉국, 미역냉국, 임자수탕 등이 있다. 국의 재료에는 대부분의 식품이 사용 가능하며, 육수에 적합한 소고기 부위는 양지머리, 사태, 갈비 등이다.

② 찌개(조치)

국보다 국물은 적고 건더기는 많으며 간이 센 편으로, 궁중 용어로는 '조치'라고 한다. 간을 맞추는 양념으로 맑은 조치는 간장과 젓국, 토장 조치는 된장, 고추장을 쓴다. 간을 맞추는 재료에 따라 된장찌개, 고추장찌개, 젓국찌개 등이 있고, 재료에 따라 김치찌개, 생선찌개, 두부찌개, 버섯찌개 등이 있다. 된장찌개에는 강된장찌개, 청국장찌개, 고추장찌개에는 두부찌개, 대구찌개, 호박감정, 민어감정, 조기감정 등이 있으며, 젓국찌개에는 굴젓국찌개, 애호박찌개, 두부젓국찌개, 주치젓국찌개 등이 있다.

③ 전골

재료에 밑간을 하여 전골냄비에 담아 식탁에서 육수를 부어가면서 직접 끓이면서 먹는 조리법이다. 전골은 원래 궁중음식에서 전수된 것으로 진짓상이나 주안상을 차릴 때 육류, 어패류, 버섯류, 채소류에 장국을 넣고 즉석에서 끓여 먹는 음식이다. 전골을 더욱 풍미 있게 한 신선로는 교자상, 면상 등에 차려진다. 조선시대 전골냄비는 쇠로 만들어 벙거지 모양의 전립을 뒤집어 놓은 것처럼 생겨 가운데가 오목하여 육수를 담게 되어 있고, 가장자리 부분은 편편하여 고기를 얇게 펴 구워가면서 먹을 수 있게 되어 있다. 육수전골은 주재료에 따라 해물전골, 낙지전골, 소고기전골, 조개관자전골, 송이전골, 두부전골, 버섯전골, 곱창전골 등이 있다.

④ 찜, 선

찜은, 어패류나 수조육류에 술, 초, 장 등의 향미성 조미료를 넣고 푹 익혀서 재료의 맛이 충분히 우러나도록 만든 음식으로, 원래는 시루에 찌는 형태였으나 현재는 대부분 끓여서 국물이 거의 없이 만드는 것으로 변화하였다. 반상, 교자상, 주안상 등에 차려지며, 주로 육류, 어패류 등 동물성 식품을 주재료로 하고 채소, 버섯, 달걀 등을 부재료로 한다. 육류찜으로 닭찜, 사태찜, 우설찜, 돼지갈비찜 등이 있고, 어패류찜으로 도미찜, 숭어찜, 전복찜, 북어찜이 있다. 찜의 가열방법은 물을 넣고 익히는 방법과, 증기로 찌는 방법, 중탕하는 방법 등이 있다.

선은, 일반적으로 호박, 오이, 가지, 두부 등에 소고기나 닭고기, 채소 등의 부재료를 소로 채워 장국을 부어 잠깐 끓이거나 찌기, 볶기의 방법으로 익히는 조리법이다. 가지선, 오이선, 애호박선, 배추선, 채란, 어선, 두부선 등이 있다.

⑤ 구이

육류나 어패류 및 채소류를 재료 그대로 또는 양념을 한 다음에 불에 구워서 만든 것으로, 가장 일찍부터 발달된 조리법이다. 불에 굽는 조리법으로 가열방법에는 석쇠를 이용하는 직접 조리법과 번철이나 은박지를 깔고 하는 간접 조리법, 오븐을 이용하는 조리법이 있다. 또한 재료에 조미를 하여 간이 배인 후에 굽는 것과, 미리 소금간을 하였다가 기름장을 바르면서 굽는 방법이 있다. 육류 구이에는 너비아니, 소갈비구이, 맥적, 제육구이, 북어구이 등이 있으며, 어패류 구이에는 삼치구이, 고등어구이, 대합구이, 조기양념구이, 오징어구이 등이 있고, 기타 더덕구이, 김구이 등이 있다.

⑥ 전, 적

전은, 육류, 어패류, 채소류 등의 재료를 다지거나 얇게 저민 다음에 밀가루와 달걀로 옷을 입혀서 팬에 기름을 두르고 지져내는 음식이다. 궁중에서는 '전유화'라고 하였다. 밥상, 면상, 교자상, 주안상 등에 차려지며 초간장을 찍어서 먹으면 더욱 맛이 난다. 육류전으로 완자전, 간전, 천엽전이 있고, 채소류전으로 버섯전, 호박전, 두릅전, 깻잎전, 배추전, 파전녹두빈대떡, 풋고추전, 어패류전으로 민어전, 새우전, 굴전 등이 있다.

적은, 재료를 양념하여 꼬치에 꿰어 굽는 조리법으로, 본래는 불에 구워 만드는 음식을 모두 뜻하다가 '꽂이에 여러 가지 재료를 꿴 음식'으로 그 의미가 변천하게 되었다. 산적, 누름적, 지짐누름적이 있는데, 산적은 재료를 양념한 후 꼬치에 꿰어서 구운 것을 말하고, 누름적은 재료를 썰어 기름에 지져 익힌 후 꼬치에 끼워 밀가루, 달걀 푼 것을 씌우고 번철에 지지는 것을 말한다. 지짐누름적은 재료를 양념하고 익혀 꼬치에 꿰어 전을 부치듯이 밀가루, 달걀물을 씌워 지진 것을 말한다. 산적에는 파산적, 두릅산적, 어산적, 송이산적, 섭산적, 떡산적, 사슬적 등이 있고, 누름적에는 화양적, 잡누르미가 있고, 지짐누름적에는 두릅적, 김치적 등이 있다.

⑦ 조림, 초

조림은, 어패류나 육류, 두부, 감자, 채소류 등을 썰어 간장이나 고추장을 넣고 간이 스며들도록 약한 불에서 은근하게 오래도록 익히는 조리법이다. 궁중에서는 '조리개'라고 하였다. 기호에 따라 짭짤하게 또는 싱겁게 하며, 조금 오래두고 먹을 때는 간을 약간 세게 한다. 간장을 주로 사용하지만, 생선은 비린내 제거를 위해 고추장, 생강 등을 넣어 조린다. 조림에는 감자조림, 호두조림, 연근조림, 멸치조림, 풋고추조림, 두부조림, 갈치조림, 조기조림, 소고기장조림 등이 있다.

초는, 원래 '볶는다'는 뜻이지만 해삼, 전복, 홍합 등을 간장 양념에 넣고 약한 불에서 뭉근하게 끓이다가, 마무리 단계에서 녹말을 물에 풀어 넣어서 재료가 엉기도록 익힌 요리법이다. 조림보다는 국물이 조금 더 있고 윤기가 흐르는 것이 특징이다. 조리법은 조림처럼 녹말을 풀어 국물을 엉기게 하고 간을 세게 하지 않는 것을 말한다. 초에는 전복초, 홍합초, 삼합초 등이 있으며, 밥반찬이나 술안주로 사용된다.

⑧ 편육, 족편, 묵

편육은, "물에 삶아서 익혔다."하여 '수육(水肉)' 또는 '숙육(熟肉)'이라고도 한다. 편육의 재료로는 돼지고기와 소고기가 쓰이는데, 쓰이는 부위가 매우 다양하다. 육류의 담백한 맛을 즐길 수 있는 조리법으로 양지머리편육, 우설편육, 제유편육, 소머리편육, 돼지머리편육, 삼겹살편육이 있다.

족편은, 육소머리나 소족 등을 장시간 고아서 육류의 결합조직인 콜라겐을 젤라틴화 하여 석이버섯, 달걀지단채, 실고추 등을 고명으로 얹어서 굳힌 음식으로 질감이 쫄깃해서 술안주로도 좋다.

묵은, 녹두나 메밀, 도토리의 전분과 물의 비율을 1:6으로 쑤어 그릇에 부어서 응고시킨 것으로, 봄에는 녹두묵, 여름에는 올챙이묵, 가을에는 도토리묵, 겨울에는 메밀묵이 제격이다.

⑨ 생채, 숙채, 쌈

생채는, 익히지 않은 채소류를 양념에 무친 나물을 의미하며, 계절별로 나오는 싱싱한 채소류를 익히지 않고 초장, 고추장, 겨자 등에 새콤달콤하게 무친 것으로, 재료 본래의 맛을 살릴 수 있고 영양소의 손실을 막을 수 있는 조리법이다. 초간장, 고춧가루, 식초, 겨자즙, 잣즙 등의 양념으로 재료 본연의 맛을 살리고 영양의 손실을 막을 수 있는 것이 특징이다. 생채 재료로 주로 이용하는 것은 오이, 도라지, 더덕, 무, 상추, 쑥갓, 당근, 샐러리 등이 있다.

숙채란, 익힌 나물을 의미하며, 채소류를 끓는 물에 데쳐서 무치는 무침나물과, 기름에 볶아서 조리하는 볶음나물로 나누며, 숙채에는 시금치, 미나리, 콩나물, 고사리, 고비, 두릅, 도라지, 버섯류 등 계절에 따른 다양한 재료가 사용되고, 겨울에는 나물을 말려두었다가 사용하기도 한다. 숙채에는 대표적인 잡채와 물쑥나물, 취나물, 원추리나물, 두릅나물, 엉개나물, 씀바귀나물, 도라지나물, 고사리나물, 애호박눈썹나물 등이 있다.

쌈은, 상추, 취나물, 미나리, 깻잎, 배추속대, 미역잎 등 잎이 넓은 생채소에 밥과 반찬을 함께 싸서 먹는 것으로, 날로 먹는 것과 데쳐서 먹는 것이 있다.

⑩ 회, 숙회, 강회, 수란

회나 숙회는, 생선이나 조개류의 살, 소고기의 살, 천엽, 채소류 등을 날것으로 또는 살짝 데쳐서 숙회로 만들어 초고추장, 겨자장, 소금기름 등에 찍어먹는 음식이다.

강회는, 가는 실파나 연한 미나리에 달걀지단, 편육, 홍고추, 버섯 등을 가늘게 썰어 예쁘게 말아 초고추장에 찍어먹는 음식으로 미나리강회 등이 있다.

수란은, 국자에 기름을 고르게 바른 후 달걀을 깨서 담고, 끓는 물에 넣어 중탕해서 반숙으로 익힌 음식이다.

⑪ 마른반찬

북어나 오징어, 멸치, 김 등의 마른식품으로 무치거나 볶아서 두고 먹는 밑반찬으로 반상, 주안상, 교자상 등 여러 종류의 상차림에 차려지며, 종류에는 포, 튀각, 부각, 지반 등이 있다. 포는 소고기, 말고기, 사슴고기 등의 살코기를 얇게 저며 조미한 다음 말리는 육포와, 대구, 명태 등의 생선을 저며 조미하며 말리는 어포, 생선류를 소금에 절여 말린 염건어류 등이 있다. 자반은 생선을 소금에 짜게 절여 오래도록 저장할 수 있게 만든 것이 대표적이며, 나물 또는 해산물을 간장이나 찹쌀풀을 발라 말려서 튀기거나, 짭짤하게 조리거나 무친 것이 있다. 튀각은 다시마, 미역 등을 기름에 바싹하게 튀겨낸 것이고, 부각은 김, 고추, 깻잎 등의 재료를 찹쌀풀이나 밀가루 풀칠을 하여 바싹 말렸다가 기름에 튀겨서 먹는 음식이다.

⑫ 장아찌

'장과' 또는 '장지'라고 하는데, 채소류와 어패류 및 해조류를 간장, 된장, 고추장, 젓갈, 식초, 술찌개미 등에 담가 독특한 풍미가 나게 하는 저장 발효음식이다. 무, 오이, 도라지, 더덕, 마늘, 고추 등을 간장, 고추장, 된장 등에 넣어 저장하여 그 재료가 귀한 철에 쓰는 반찬으로 '장과'라고도 한다. 재료는 말리거나 절여서 수분함량을 줄여야 장기보존이 가능하다. 각종 육류와 어류도 살짝 익혀 된장과 막장 속에 넣어 만들며, 오이나 무 등을 간장에 절인 후 즉석에서 먹을 수 있도록 살짝 데쳐 만든 갑장과도 있다.

⑬ 젓갈, 식혜

젓갈은 어패류의 내장, 새우, 멸치, 조개 등에 소금을 넣어 절이거나 양념하여 삭힌 것을 말한다. 숙성 중 자체효소에 의하여 단백질이 분해되어 특유의 향과 감칠맛을 주고, 숙성과정 중에 뼈가 연해지므로 뼈째 먹을 수 있어 칼슘의 주요 공급원이 된다. 주로 밑반찬이나 김치를 담글 때 사용되는데, 젓갈의 종류에는 명란젓, 조개젓, 새우젓, 꼴뚜기젓, 창난젓, 성게젓, 굴젓, 멸치젓, 황석어젓, 조기젓 등이 있다.

식혜는 어패류에 엿기름과 익힌 곡물을 섞어 고춧가루, 파, 마늘, 생강, 후추, 소금 등으로 조미하여 저장하는 음식이다. 함경도의 가자미식해와 도루묵식해, 황해도의 연안식해, 강원도의 북어식해 등이 있다.

⑭ 김치

반찬의 가장 기본이 되는 음식으로, 한국음식을 대표하는 것 중의 하나이다. 채소를 소금에 절여서 젓갈류, 양념, 향신료 등을 사용하여 발효시켜 만든다. 무, 배추 등을 소금에 절여 고추, 파, 마늘, 생강에 젓갈을 함께 넣고 버무려 익힌 채소 발효식품이다. 김치는 발효할 때 젖산균이 증가하여 독특한 산미를 내고, 고추의 매운맛이 식욕을 돋우고 소화작용을 돕는다. 또한 젓갈류가 첨가되면서 비타민과 무기질뿐만 아니라 좋은 단백질의 근원이 되기도 한다. 맛은 재료의 신선도, 소금에 절이는 농도, 젓갈의 종류, 고춧가루의 양, 기타 첨가되는 재료, 저장기간 및 온도 등에 영향을 받는다.

김치는 지방에 따라 맛의 특징이 있다. 서울 이북에서는 심심하게, 경상도는 짜게 담그며 기온이 높은 곳으로 갈수록 소금간을 세게 한다. 김치의 종류는 100여 종이 넘는데, 즉 주재료에 따라 배추김치류가 11여 종, 무 김치류가 21여 종, 나물 김치류가 20여 종, 석박지류가 5여 종, 어패류, 육류 김치가 10여 종, 해조류 김치가 4여 종, 물김치류가 20여 종, 기타 김치류가 10여 종 이상이다.

⑮ 저냐

육류나 어패류 또는 채소류 등의 재료를 얇게 저미거나 다져서 반대기를 지어 달걀을 씌워 부친 음식으로, '부침개'라고도 한다. 종류는 그 재료에 따라 육류 저냐, 채소류 저냐, 어패류 저냐 등으로 나눌 수 있다.

⑯ 포와 마른안주

고기를 양념하여 말린 것을 '포'라 한다. 포에는 고기를 말린 육포와, 생선을 말린 어포가 있다. 이러한 포는 술안주나 마른반찬으로 쓰인다. 마른안주는 산해진미를 갖춘 것으로, 주로 구절판을 이용한다.

⑰ 자반과 장아찌

자반은 물고기를 소금에 절이거나 나물 또는 해산물을 간장이나 찹쌀풀을 발라서 말려 튀기는 등 짭짤하게 만든 밑반찬이다. 그 중에서도 가장 대표적인 것은 절인 물고기 자반이다.

장아찌는 무, 배추, 오이 등을 진간장, 고추장, 된장 등에 담아 묵혀두고 먹는 저장식품이다. 이밖에 갑장과처럼 즉석에서 만드는 방법도 있다.

⑶ 떡, 한과

우리의 고유한 음식 풍속을 잘 전해 주는 대표적인 음식으로, 각종 의례음식이나 절식에 필수적인 별미음식으로 자리 잡았으며 계절에 따라, 만드는 방법에 따라, 재료에 따라 많은 종류의 떡이 있다.

떡류를 크게 분류하면 시루에 찌는 떡, 찐 다음에 안반이나 절구에 치는 떡, 가루를 반죽하여 모양을 만들어 빚는 떡, 번철에 지지는 떡이 있다. 치는 떡은 찹쌀가루나 멥쌀가루를 시루에서 찐 다음에 절구나 안반 등에서 친 것으로, 찹쌀도병에는 인절미가 있고, 멥쌀도병에는 절편이 있다. 지지는 떡은 찹쌀가루를 익반죽하여 모양을 만들어 기름에 지진 떡으로 전병, 화전, 주악 등이 있다. 삶는 떡은 찹쌀을 익반죽하여 빚거나 주악이나 약과 모양으로 썰고, 또는 구멍떡으로 만들어 끓는 물에 삶아 건져서 고물을 묻힌 떡이다. 종류로는 경단이나 두텁단자 등이 있다.

① 찐떡

곡물가루를 시루에 그대로 찌거나 고물을 얹어가며 켜켜로 앉혀 찌는 떡으로, 시루떡이라고도 한다. 종류로는 백설기, 무시루떡, 콩시루떡, 밤설기떡 등이 있다.

② 친떡

멥쌀가루나 찹쌀을 시루에 찐 후 안반에 쳐서 끈기가 나게 한 떡으로, 멥쌀을 쪄서 치는 가래떡, 절편류, 개피떡이 있고, 찹쌀을 쪄서 치는 인절미가 있다.

③ 경단

쌀가루나 찹쌀가루를 물로 익반죽한 후 밤톨만 한 크기로 둥글게 빚어서 끓는 물에 삶아 고물을 묻혀 낸다. 콩고물이나 팥, 대추, 밤, 녹두, 흑임자 등을 고물로 사용한다. 은행단자, 석이단자 등이 있으며, 수수경단은 100일부터 9살까지 생일날에 해주면 액을 면할 수 있다는 풍속이 전해진다.

④ 주악

찹쌀이나 찰곡식가루를 익반죽한 다음, 모양을 빚어 기름에 지진 떡으로 화전, 주악, 부꾸미 등이 있다. 화전에는 진달래화전, 국화전 등이 있고, 부꾸미에는 찰수수부꾸미가 있다. 주악은 찹쌀가루를 익반죽하여 소를 넣고 빚어 기름에 지진 떡이다. 주로 떡을 괼 때 웃기로 쓴다. 대추주악, 은행주악, 석이주악 등이 있다.

⑤ 한과

우리나라에서 전통적으로 내려오는 과자를 말한다. 본래는 생과와 비교해서 가공하여 만든 과일의 대용품이라는 뜻에서 '조과류' 또는 '과정류'라고 한다. 우리나라 말로는 '과줄'이라고 하는데, 후에 외래과자와 구별하기 위해 '한과'로 부르게 되었다.

한과는 통일신라시대에 이어 고려시대에 숭불사상의 영향으로 과정류가 발달했으며, 특히 차 마시는 풍습 및 유밀과가 크게 성행하였다. 과정류에는 기름에 지지는 유밀과, 판에 찍어내는 다식, 기름에 튀기는 강정류, 설탕 시럽에 조리는 정과류로 나눌 수 있다.

- 유밀과류 : 밀가루를 주재료로 하여 기름과 꿀을 부재료로 섞고 반죽해서 여러 가지 모양으로 빚은 다음, 기름으로 지지거나 튀긴 과자를 가리키며 흔히 '약과'라고 한다. 꿀, 기름, 술에 반죽하여 기름에 지져 다시 꿀물에 집청하여 만드는 것으로 약과, 만두과, 매작과 등이 있다.
- 다식류 : 녹말가루, 송홧가루, 승검초가루, 황률, 흑임자가루 등 생으로 먹을 수 있는 가루를 꿀로 반죽하여 나무로 된 다식판에 박아내는 것으로 주로 차를 마실 때 곁들인다.
- 강정류 : 찹쌀가루에 술을 넣고 반죽하여 시루에 쪄서 방망이로 꽈리가 많이 일도록 치댄 다음 도마에 밀가루를 뿌리고 판판하게 민다. 더운 방에 종이를 깔고 늘어놓아 꾸들꾸들 할 때 뒤집어서 갸름하게 손가락처럼 썰어 말렸다가, 기름에 지져서 고물을 묻히면 강정이 된다. 종류에는 깨강정, 매화강정, 세반강정 등이 있으며, 산자는 이것을 넓고 모나게 썰은 후 기름에 지져내어 집청굴과 고물을 묻혀 만든다.
- 숙실과류 : 숙실과란, '익히 과실'이란 뜻으로 과실이나 열매를 찌든지 삶아서 꿀에 조린 것으로, 초와 란으로 다시 나뉜다. 열매를 익힌 후 으깨서 설탕이나 꿀에 조린 다음 다시 본래의 형태와 비슷하게 빚은 것을 '란'이라 하며 율란, 조란, 생란이 있고, 열매를 통째로 익혀서 모양대로 꿀에 조린 것을 '초'라 하며 대추초와 밤초가 있다. 숙실과는 다과상, 교자상, 제사상 등에 차려진다.
- 과편류 : 과실이나 열매를 삶아서 거른 즙에 녹말가루를 섞거나 단독으로 설탕이나 꿀을 넣어서 조림으로써 엉기게 한 다음에 썬 것이다.
- 강정류 : 여러 가지 곡식이나 견과류를 조청 또는 엿물에 버무려 서로 엉기게 한 뒤, 반대기를 저어서 약간 굳었을 때에 썬 한과이다.

(4) 음청류

술 이외의 기호성 음료를 총칭하는 것으로, 한국의 전통음료는 예로부터 차, 화채, 밀수, 식혜, 수정과, 탕, 장, 갈수, 숙수, 즙, 우유 등이 있으며, 일상식이나 절식 그리고 제례 및 대·소 연회식 등 우리 식생활에 깊이 뿌리내린 한국 고유의 음식으로 자리잡아 왔다. 음청류에는 계절에 따라 봄에는 딸기화채, 가련수정과, 앵두화채가 있고, 여름에는 보리수단, 떡수단, 복숭아화채, 미숫가루가 있으며, 가을에는 유자화채, 식혜, 배화채, 겨울에는 배숙, 수정과, 원소병 등을 음용하였다.

① 차

차는 잎, 열매, 과육, 곡류 등을 이용한 것으로 찻잎의 제조방법에 따라 녹차 또는 전차, 반 발효차, 완전 발효차가 있다. 그 외 약용으로 이용되는 한약재로 만든 약재차, 율무, 옥수수, 보리 등의 곡류를 달여서 마시는 곡차, 유자, 대추 등의 과실차 등이 있다.

② 화채, 수정과, 식혜, 미수, 제호탕

화채는 제철과일을 얇게 저민 것이나, 식용꽃잎을 꿀이나 설탕에 재웠다가 오미자국물 또는 꿀물에 계절의 꽃이나 꽃잎, 과일 등을 실백과 함께 띄운 음료이다. 수정과는 계피, 생강을 넣고 끓여 걸러서 다시 설탕이나 꿀을 넣어 끓인 다음 곶감을 띄워내는 음료이며, 식혜는 밥에 엿기름물을 부어 발효시킨 음료수이다. 미수는 곡류를 짜서 볶은 후 빻아 가루로 만들어 여름철에 꿀물에 타서 마시는 음료이며, 재호탕은 오매육, 초과, 백단향, 축사, 꿀 등의 다섯 가지 한약재를 고운 가루로 만들어 꿀에 섞어 냉수에 타서 마시는 음료로 가슴 속이 시원하고 향기가 오래가며 특히 여름철에 더위를 타지 않는다.

(5) 한국음식의 재료

한국음식에 사용되는 재료는 다양하여 산과 들, 강과 바다에서 생산되는 온갖 동·식물로 이루어져 있다. 초근목피와 산해진미라는 말이 있듯이 풀뿌리, 나무껍질과 열매로부터 가축, 짐승, 생선, 해초류에 이르기까지 그 범위가 매우 넓다.

① 곡류

밥을 주식으로 하는 만큼 쌀의 비중이 크며 그 이외에도 보리, 밀, 콩, 팥, 조, 수수, 옥수수, 녹두, 메밀 등의 곡물이 있다. 곡류(穀類)는 미곡류와 맥류 및 잡곡류로 구분되며, 미곡에는 멥쌀과 찹쌀이 있다. 쌀을 도정하는 정도에 따라 현미, 7분도미, 9분도미 등으로 구분되며, 쌀은 주로 밥, 죽, 떡, 과자 등에 이용된다.

② 맥류

보리, 밀, 호밀, 귀리 등으로 나뉘고, 보리는 압맥과 할맥으로 나뉘며 가공하여 밥을 짓거나 주정의 원료 등 가공식품으로 이용한다. 밀은 가루로 하여 국수나 만두 등으로 다양하게 이용된다. 잡곡류는 조, 기장, 수수, 옥수수, 메밀 등으로 나뉘며, 메밀은 가루로 만들어 국수나 만두 및 묵 등의 재료로 이용되고, 그 외에 조, 기장, 수수, 옥수수 등은 밥, 떡, 죽, 엿, 과자 등을 만드는데 이용된다.

③ 두류

지방이 많고 탄수화물이 적은 대두콩과 땅콩 등이 있고, 지방질이 적고 탄수화물이 많은 팥, 녹두, 완두, 강낭콩 등이 있다. 두류는 쌀과 섞어서 밥이나 떡 및 죽을 만드는데 이용하고, 콩나물이나 숙주나물과 같은 나물과 된장 등의 발효식품의 주재료로 이용되며 콩나물, 숙주나물과 같은 나물과 간장, 된장 등 발효식품의 원재료로 사용한다.

④ 서류

감자, 고구마 등으로, 감자와 고구마는 곡물류와는 종류가 다르지만 열량을 많이 내므로 열량식품으로 애용된다. 특히 감자는 단맛이 없어 밥 대신으로 이용되기도 하나, 고구마는 단맛이 많아 밥 대신 사용하기에는 어려운 점이 있는 식품이기도 하다.

⑤ 채소류

곡물과 함께 우리 식생활의 주재료이며, 밭에서 재배되는 채소와 산에서 재배되는 산채로 나눌 수 있다. 채소는 색에 따라 시금치, 깻잎, 아욱, 근대, 상추, 당근 등의 녹황색 채소와 무, 콩나물, 숙주나물, 양파, 마늘 등의 담색채소로 나뉘며, 산채로는 도라지, 더덕, 두릅, 달래, 쑥, 씀바귀, 질경이, 비름, 취, 냉이, 돌미나리 등이 있다. 비타민, 무기질, 섬유소 등의 공급원으로 사계절 내내 각종 신선채소를 이용하여 국, 김치, 생채, 나물, 장아찌 등으로 이용한다.

⑥ 버섯류

송이버섯, 표고버섯, 석이버섯, 목이버섯, 싸리버섯, 느타리버섯 등이 있다. 이중에서 표고버섯, 목이버섯 등은 인공재배하고, 건조시킬 때에는 일광에서 한다. 송이버섯은 가을에 잠깐 채취되는 것으로, 향기가 좋아서 구이나 적 및 전골로 이용된다. 표고버섯은 맛과 향 및 질감이 좋아서 조림, 찜, 전, 볶음 등에 고루 이용되며, 석이버섯은 특유의 검은색으로 고명으로 많이 이용된다.

⑦ 어패류

우리나라는 삼면이 바다로 둘러싸여 있기 때문에, 많은 종류의 어패류가 식품의 재료로 이용된다. 어류에는 지방이 적고 살코기가 흰 도미, 민어, 광어, 조기 등의 백색어류와, 지방분이 많고 살코기가 붉은 꽁치, 고등어, 정어리 등 적색어류가 있다. 어류를 계절로 보면, 봄에는 조기와 도미, 여름에는 민어나 준치, 뱀장어, 가을에는 대구, 청어, 명태 등이 맛이 있다. 패류에는 모시조개, 대합, 굴, 맛, 홍합, 피조개, 꼬막, 바지락, 전복, 소라, 골뱅이, 우렁이 등이 있으며, 갑각류에는 게,

가재, 새우 등이 있다. 이들을 가열하면 적색으로 변하는 특징이 있으며 맛 또한 좋다. 어패류의 용도는 회, 포, 구이, 전, 찜, 탕, 조림, 찌개, 자반, 젓갈 등 다양하게 쓰인다.

⑧ 해조류

크게 녹조류, 갈조류, 홍조류로 나눌 수 있다. 보통 식용으로 사용되는 녹조류는 파래, 갈조류는 다시마와 미역, 홍조류는 김 등이 있다.

⑨ 육류

소고기, 돼지고기, 닭고기, 양고기, 멧돼지, 노루, 토끼, 염소, 꿩, 오리, 메추리 등이 사용되나, 우리나라는 조수육을 이용한 구이, 찜, 포 등의 고기요리가 발달되었다. 소고기는 소의 연령, 성별, 운동량, 부위, 수석 정도 등에 따라 부드럽기와 맛에 차이가 있으므로 조리방법이나 목적에 따라 적절한 선택을 해야 한다.

한식에서 많이 사용되는 소고기의 부분별 명칭과 용도를 보면 다음과 같다.

- 장정육 : 조림, 볶음, 불고기에 사용되며 질긴 편이다.
- 안심 : 구이, 전골, 볶음에 사용되며 육질이 연하여 양식에서는 스테이크로 많이 사용된다.
- 등심 : 구이, 불고기, 전골에 많이 사용되며 상강육(등심에 거미줄같이 분포된 지방상태)이 잘 된 고기가 연하고 맛있다.
- 채끝살 : 찜, 전골, 튀김에 사용되며 잔 힘줄이 많다.
- 갈비 : 구이, 찜, 탕에 사용되며 암소갈비가 연하고 좋다.
- 우둔살 : 육회, 육포, 산적, 조림에 사용되며 순살코기로 힘줄과 지방이 적다.
- 홍두깨살 : 고기의 결이 외결로 되어 잘 찢어지며 육개장, 육포, 산적 등에 많이 쓰인다.
- 양지육 : 탕, 편육이 사용되며 양지머리, 차돌박이는 구이에도 좋다. 수육으로 어복쟁반에 많이 이용된다.
- 사태육 : 찜, 조림, 회, 편육, 탕에 사용되며, 특히 힘줄이 많이 박힌 아롱사태는 편육에 좋다.
- 업진육 : 배 쪽의 살코기와 지방이 층으로 되어 있으며 탕에 많이 이용된다.
- 소꼬리 : 뼈와 연골로 되어 있으며 꼬리곰탕, 꼬리찜으로 많이 쓰인다.
- 소머리 : 육질이 질기며 소머리편육, 곰탕, 설렁탕 재료로 쓰인다.
- 소족 : 육질이 거의 없으며 결합조직이 많다. 족탕, 족편으로 쓴다.
- 도가니 : 소의 무릎 연골부분이며 살코기는 없다. 탕, 찜으로 쓴다.

⑩ 알류

달걀, 메추리알, 오리알 등이 있으며 주로 알찜이나 수란 등을 하기도 하고 전유어를 부칠 때 겉에 씌우는 재료로 사용하기도 한다. 특히 황·백으로 지단을 부쳐서 채로 썰거나 골패형이나 마름모꼴로 썰어 고명으로 이용하거나 국이나 떡국 등의 국물음식에 흘려 넣는 데에 알로 많이 이용한다.

⑪ 과일류

예로부터 한국음식에 쓰이던 과일은 사과, 배, 복숭아, 감, 앵두, 포도, 귤, 유자, 모과, 밤, 대추, 잣, 호두, 은행 등이 있으며, 최근에는 수입된 과일이 많아 그 종류가 많아졌다. 사과,  배, 복숭아, 딸기 등의 생과일은 화채로 먹거나 숙과 식초로 담가먹기도 하고, 곶감이나 대추처럼 말려서 사용하기도 한다. 밤, 호두, 은행, 잣 등의 견과류는 강정 등의 한과나 찜, 구절판, 신선로, 차 등의 고명으로 많이 사용한다.

### 3) 한국음식의 양념과 고명

양념은 음식물이 지닌 고유의 맛과 향기, 색채 등을 살리거나 잡맛을 없애기 위해 사용되는 것으로 조미료와 향신료를 포함한다. "약이 되도록 염두에 둔다."는 뜻으로 우리나라 음식은 양념의 선택과 사용량에 따라 음식의 맛이 크게 바뀐다. 양념은 소금, 젓갈, 간장, 된장 등의 짠맛과 설탕, 물엿, 꿀 등의 단맛, 식초의 신맛, 고춧가루, 고추장, 후추 등의 매운맛을 내는 조미료의 종류와 깨소금, 참기름, 파, 생강, 겨자 등과 같이 독특한 향기, 색깔, 매운맛을 내는 향신료의 종류가 있다.

(1) 양념류

① 소금

음식의 맛을 내는 기본 조미료로써 그 제조방법에 따라 호렴, 재제염, 식탁염(맛소금) 등이 있다. 호렴은 천일염 또는 굵은 소금이라 하며 주로 김치류, 장류를 만들 때 사용하거나 생선을 절일 때 사용한다. 제염은 고운 소금으로 일명 '꽃소금'이라 하며 색깔이 희고 깨끗하여 일반적으로 음식의 간을 맞출 때 사용한다. 식탁염은 입자가 가장 고운 것으로 식탁에서 간을 맞추는 데에 사용한다. 소금은 음식을 할 때 처음부터 넣으면 잘 무르지 않으므로 익은 다음에 넣거나, 두부와 같이 연한 것은 처음부터 넣어 단단해지게 한다. 채소류 데칠 때도 넣으면 빛깔을 유지시킬 수 있다.

② 간장

간장은 '짜다'는 뜻이 있으며, 콩을 발효시켜 만든 것으로 음식에 짠맛과 감칠맛을 주거나 색을 낼 때 사용한다. 집에서 담근 간장의 종류로 수십 년 묵은 '집진간장(검은간장)'을 비롯하여 해묵은 '집간장'과 물을 많이 잡거나 그해에 담근 맑은 '집간장(청장)'이 있다. 용도 또한 구분되어 국에는 주로 맑은 집간장을, 조림 등에는 묵은 집진간장을, 초나 육포, 약식, 정과 등에는 가장 오래 묵은 집진간장을 사용한다.

③ 된장

된장은 '되다'의 뜻으로 콩으로 메주를 쑤어서 알맞게 띄운 다음, 적당량의 소금물에 담가 맛이 들면 간장을 걸러내고 남은 건더기로 만든다. 된장은 주로 토장국의 맛을 내는데 쓰이고 상추쌈이나 호박쌈에 곁들이는 쌈장과 나물, 장떡의 재료가 된다. 간장을 걸러내지 않은 메주로 담근 장을 막장이라고 하는데, 된장보다 맛이 진하고 구수하며 영양가가 높다.

④ 고추장

고추장은 찹쌀, 멥쌀, 밀, 보리 등을 원료로 여기에 메줏가루, 고춧가루, 엿기름, 소금 등을 넣어 만든다. 찌개나 국, 볶음, 생채, 구이, 나물무침 등에 사용되고 볶아서 약고추장으로 만들어 먹는다. 또한 초고추장이나 양념고추장을 만들어 회나 비빔국수에 곁들여 먹기도 한다.

⑤ 파

파는 파뿌리가 반듯하고 흰 부분과 푸른 부분의 구분이 뚜렷한 것이 좋으며, 파를 다져서 양념으로 쓸 때는 흰 부분과 연한 부분만을 사용하는 것이 좋다. 파의 푸른 부분은 쓴맛이 조금 있어 음식의 맛을 떨어뜨릴 수 있다. 파는 고기의 누린내나 생선의 비린내를 제거하고 독특한 향취로 음식의 맛을 향상시켜 준다. 일반적으로 대파, 중파, 실파, 쪽파 등을 많이 이용하고 있으며, 대파는 양념으로 주로 이용하고, 중파는 송송 썰어서 설렁탕, 곰탕, 해장국에 넣거나 대파를 대신하여 사용하고, 실파와 쪽파는 김치, 국 등에 이용한다.

⑥ 마늘

파와 함께 거의 모든 한국음식에 사용되며 그 기능 또한 파와 비슷하다. 마늘의 매운맛은 알리신(allicin)이라는 성분으로 채소의 풋내도 없애는 역할을 한다. 음식의 양념으로 쓸 때는 다져서 쓰거나 쪽으로 납작하게 또는 채 썰어 쓴다. 육쪽으로 잘 여물고 단단하며, 논마늘보다 밭마늘이 보관에 더 좋다. 매운맛의 알리신 성분은 육류의 누린 냄새와 생선류의 비린 냄새, 채소의 풋 냄새를 가시게 할 뿐만 아니라 김치에 없어서는 안 되는 조미료 중의 하나이다.

⑦ 생강

표피에 주름이 없고 싱싱한 것이 좋으며, 생선이나 돼지고기의 냄새를 없애는 데에 사용된다. 생강은 특유의 향과 매운맛이 강해 생선의 비린내와 돼지고기나 닭고기의 누린내를 없애고 맛을 향상시키는 역할을 한다. 양념으로 사용할 때는 곱게 다지거나 편이나 채로 썰어 사용하며 즙을 내어 사용하기도 한다.

⑧ 고춧가루

고추는 햇볕에 말린 빛이 곱고 매운맛이 강한 태양초와, 빛깔이 자주색이 나고 감미로운 맛이 나는 찐고추가 있다. 고춧가루는 잘 익어서 윤택이 있고 살이 두터운 것을 골라 씨를 깨끗하게 닦아 잘 말려서 용도에 따라 굵게나 곱게 빻는다. 입자에 따라 굵은 고춧가루, 중간 고춧가루, 고운 고춧가루로 분류되며 매운맛의 정도에 따라 매운맛, 중간맛, 순한맛으로 분류된다. 굵은 고춧가루는 김치에 이용하고, 중간 고춧가루는 김치나 양념으로 이용하며, 고운 고춧가루는 고추장이나 생채 등의 음식에 사용한다.

⑨ 후춧가루

육류나 생선요리에 반드시 사용되며 해독제로도 쓰인다. 자극적인 맛과 향기로 고기나 생선의 누린내와 비린내를 없애주며 자극제로써 식욕을 돋우어 준다. 검은 후춧가루는 색이 검고 매운맛이 강해서 육류음식에 사용하고, 흰 후춧가루는 색이 희고 향미가 부드러워 생선요리에 사용한다. 통후추는 배숙이나 육수, 탕을 끓일 때 사용한다.

⑩ 겨자

재래식은 겨자씨를 씻어 물에 불렸다가 갈아서 그릇에 담은 다음 부뚜막에 엎어두었다가 숙성하여 사용한다. 근래에는 겨자씨를 천일 건조해서 거칠게 빻아 체질을 하여 쓰기 때문에 향기와 매운맛이 약해졌지만, 미로시나제(myrosinase)라는 효소가 있어 40℃의 따듯한 물에 개어 발효시키면 특유의 향과 매운맛이 생긴다. 소금, 설탕, 식초를 넣고 겨자소스를 만들어 겨자채나 냉채에 사용한다.

⑪ 계피

계수나무의 얇은 껍질을 말린 것으로, 가루를 만들어 사용하거나 조각으로 또는 통계피로 사용한다. 계피는 특유의 향기를 가지고 있어 음식의 향을 좋게 하고 가루로 만들어 특유의 누린내를 제거한다. 또한 수정과, 떡, 한과 등에 넣어 향과 색을 내는 데에 이용한다.

⑫ 기름

참기름과 들기름, 콩기름이 있으며, 참기름과 들기름은 특유의 고소한 향으로 식욕을 증진시키고 음식에 넣으면 매끄럽고 부드러운 질감과 맛을 더해준다. 또한 고기를 구울 때 고기의 수분이 유출되지 않도록 해준다.

⑬ 깨소금

참깨를 물에 깨끗이 씻고 일어 건져서 고루 볶은 후 뜨거울 때 분마기에 넣고 빻은 것으로, 소금을 조금 넣어주기도 한다. 소고한 맛과 향을 내므로 나물, 찜, 조림 등 모든 음식에 고루 이용한다.

⑭ 설탕, 조청, 꿀, 물엿

설탕은 가공에 따라 백설탕, 흰설탕, 흑설탕 등이 있으며, 이외에도 얼음설탕, 각설탕이 있다. 설탕과 조청, 꿀, 물엿은 음식에 이용하면 단맛과 향, 색을 부여하고 오랫동안 촉촉함을 지속시켜 부드러운 질감을 주며 음식의 접착제 역할을 한다. 따라서 음식에 단맛을 내는 조미료로 이용되며 강정, 정과, 유밀과 등의 한과를 만들 때 사용한다.

⑮ 식초

곡물이나 과일을 발효시켜서 만든 것으로 음식의 신맛을 낸다. 식초는 조미료로서 신맛으로 식욕을 돋우어 주며 방부제의 효과도 있다. 보통 양조초와 합성초가 있는데, 과실로 만든 식초가 널리 쓰인다. 식초를 사용할 때는 다른 조미료를 먼저 넣고서 다 스며든 다음에 사용해야 한다.

⑯ 산초

가루로 만들어 추어탕이나 개장국 등의 비린내나 누린내를 제거하고 기름기를 없애는데 사용한다.

⑰ 젓갈

어패류에 소금을 넣어 숙성시킨 것을 말하며, 단백질을 섭취할 수 있는 중요한 반찬 중 하나이다. 젓갈은 짠맛과 단맛, 감칠맛이 어우러져 독특한 맛과 풍미가 있으므로 김치에 넣거나 밥반찬으로 사용한다.

## 4) 한국음식의 재료 손질

### (1) 곡류

- 멥쌀 : 깨끗이 씻어 일어서 밥을 지을 때는 물에 30분~1시간 정도 불리고, 죽으로 할 때는 2시간 정도 불려서 사용한다.
- 찹쌀 : 깨끗이 씻어 일어서 물에 30분~1시간 정도를 불린다.
- 보리 : 잘 문질러 씻어 일어서 물에 1시간 정도를 불린다.
- 차수수 : 맑은 물이 나올 때까지 비벼 씻고 일어서 물에 1시간 정도를 불린다.
- 차조 : 물에 씻어 일어서 사용한다.

### (2) 두류

- 콩 : 깨끗이 씻어 일어서 물에 8시간 정도를 불린다.
- 팥 : 깨끗이 씻어 일어서 냄비에 팥과 물을 붓고 센 불에서 올려 끓으면, 팥물을 따라버린 후 다시 물을 붓고 삶는다.
- 검은콩 : 깨끗이 씻어 일어서 물에 3시간 정도를 불린다.
- 녹두 : 깨끗이 씻어 일어서 물에 8시간 정도를 불린다.
- 강낭콩 : 깨끗이 씻어 일어서 냄비에 강낭콩과 물을 붓고 삶는다.

### (3) 서류

- 고구마, 감자 : 깨끗이 씻어 껍질을 벗긴 후 변색을 막기 위해 물에 담가놓고 사용한다.

### (4) 채소류

- 파 : 뿌리 부분을 자른 뒤 겉잎을 벗겨 흰 부분은 양념으로 사용하고, 푸른 부분은 육수를 낼 때 사용한다.
- 양파 : 뿌리 부분과 윗부분을 자른 후 껍질을 벗기고 깨끗이 씻어 사용한다. 양파즙은 껍질을 벗긴 후 강판에 갈아 면보에 짜서 즙을 만들어 사용한다.
- 마늘 : 껍질을 벗긴 후에 깨끗이 씻어 통째로 사용하거나, 편으로 썰거나 다져서 양념으로 사용한다.
- 생강 : 겉껍질을 벗긴 후 깨끗이 씻어 사용한다. 생강을 껍질을 벗긴 후 강판에 갈아 면보에 짜서 즙을 만들어 사용한다.
- 오이 : 겉을 소금으로 문질러 물로 깨끗이 씻은 후 사용한다.

- 우엉, 연근 : 전용칼이나 칼등으로 껍질을 벗긴 후, 식촛물에 담그거나 식촛물에 살짝 데쳐 변색을 방지한다.
- 시금치 : 뿌리를 칼로 잘라 낸 뒤 누런 잎을 떼어내고, 굵은 것은 반 정도 갈라 사용한다. 데칠 때는 끓는 물에 소금을 넣고 뿌리부터 넣어 살짝 익힌 후 찬물에 헹군다.
- 배추 : 단단하고 무거운 것이 속이 꽉 찬 것으로, 손질할 때는 억센 겉잎은 떼어내고 밑동을 자른 뒤 한 장씩 떼어 씻어 사용하거나, 김치를 담글 때는 뿌리 부분을 열십자로 칼집을 넣고 길이로 반을 갈라 소금물에 절여 사용한다.
- 무 : 무청과 꼬리 부분은 잘라내고 솔로 깨끗이 문질러 씻어 헹군 후 사용한다.
- 고추 : 깨끗이 씻은 후 꼭지를 떼고 어슷썰기나 반으로 갈라, 씨를 떼고 채 썰거나 다져서 사용한다.
- 애호박 : 깨끗이 씻은 후 길이로 반을 갈라, 반달썰기나 돌려 깎아 채 썰어 사용한다.
- 콩나물, 숙주 : 머리와 꼬리를 떼어 사용하거나, 꼬리만 떼어 깨끗이 씻은 후 사용한다.
- 건나물류(고사리 등) : 물에 8시간 정도를 불려 사용한다.

⑸ 과일류

- 배 : 껍질을 벗긴 후 설탕물에 담가 사용하고, 배즙은 껍질 벗긴 배를 강판에 갈아 면보에 짜서 즙을 만들어 사용한다.

⑹ 육류

- 소고기 : 핏물을 닦은 후 힘줄을 떼고 알맞은 크기로 잘라, 미리 칼등이나 고기망치로 두들겨 주어야 익혔을 때 오그라드는 것을 방지할 수 있으며, 부드러운 소고기요리를 즐길 수 있다. 편육으로 할 경우는 실로 묶어 삶아야 예쁜 모양으로 삶아 낼 수 있다.
- 돼지고기 : 핏물을 닦은 후 칼등이나 고기망치로 두들겨, 육질을 부드럽게 한 후 사용한다.
- 닭고기 : 통째로 요리할 때는 노란 기름덩어리와 볼록하게 나온 꽁지와 날개 끝을 잘라 낸 후 사용하고, 토막을 내어 사용할 때에도 노란 기름을 떼고 조리한다.
- 내장류 : 소금과 밀가루를 넣고 바락바락 주물러 여러 번 깨끗한 물에 헹군 후 사용한다.
- 우족, 사골, 도가니 : 물을 바꿔가며 3~4시간 동안 담가 핏물을 뺀 후 조리한다.

⑺ 어패류

- 도미 : 꼬리쪽에서부터 머리쪽으로 비늘을 긁어낸 후 가위나 칼로 지느러미와 아가미 속의 주

름을 잘라내고, 내장을 꺼내어 깨끗이 씻어 사용한다.

- 조기 : 꼬리쪽에서부터 머리쪽으로 비늘을 긁어낸 후 지느러미는 자르고 내장을 빼낸 다음 깨끗이 씻어 사용한다.
- 오징어 : 몸통과 다리가 붙어있는 부분에 손을 집어넣어 내장이 터지지 않도록 잡아당겨 꺼낸 후, 눈 바로 윗부분을 잘라 내장은 버린다. 몸통은 껍질을 벗긴 다음 사용한다.
- 낙지 : 내장과 눈을 떼어 낸 뒤 굵은소금으로 바락바락 주물러 깨끗한 물에 헹구어 씻는다.
- 조개 : 소금물에 담가 해감을 토하게 한 후 손으로 껍질을 바락바락 비벼가며 씻는다.
- 굴, 조갯살 : 소금물에 살짝 담가 살살 흔들어가며 씻어 체에 밭쳐 물기를 뺀 후 사용한다.
- 게 : 껍질째로 조리하므로 솔로 깨끗이 씻은 후 발끝을 자르고, 등껍질과 내장을 떼어낸 뒤 몸통을 먹기 좋은 크기로 등분하거나 통째로 사용한다.
- 새우 : 등쪽에 꼬챙이를 찔러 내장을 꺼낸 후 머리와 껍질을 벗겨 사용하거나, 꼬리의 바로 위에 있는 삼각형 모양의 뾰족한 부분만 떼고 사용한다.

(8) 해조류

- 다시마 : 젖은 면보로 닦아 낸 후 찬물에 넣고 끓으면 건져낸다.
- 미역 : 물에 담가 불린 후, 깨끗이 씻은 후 먹기 좋게 잘라 사용한다.
- 김 : 잡티를 털어낸 후, 두 장씩 겹쳐 석쇠에 살짝 구운 후 사용한다.

(9) 기타

- 흑임자(검은깨) : 깨끗이 씻어 돌을 일은 후, 체에 밭쳐 물기를 뺀 후 약불에 볶아서 사용한다.
- 참깨(거피용) : 물에 1시간 정도를 불린 후, 문질러 씻어 돌을 일어서 체에 밭쳐 물기를 뺀 후 중불에 볶아서 사용한다.
- 수삼 : 깨끗이 씻은 후 뇌두를 자른다.
- 통계피 : 겉과 속을 깨끗이 씻은 후 잘라서 사용한다.
- 오미자 : 깨끗이 씻은 후, 찬물에 담가 12시간 정도를 우려 낸 후 면보에 걸러 사용한다.
- 조기젓 : 포 뜨듯이 살을 저미고, 머리와 뼈는 물을 넣고 끓인 후 체에 걸러 식힌 후 사용한다.
- 새우젓 : 건지를 곱게 다져 사용한다.

K
O
R
E
A
N

F
O
O
D

# 제2부 실기편

# 한국퓨전요리의 실제와 응용

구절판은 정성과 솜씨가 담긴 섬세한 손맛을 잘 살려낸 음식이다.
옻칠을 하거나 자개를 박아 아름다운 문양을 살린 목기에 채소와 고기류를 사용한 여덟 가지 음식을 담고, 가운데 담은 밀전병에 싸서 먹는다.

### 재료 및 분량

재료 | 오이 1/2개, 표고버섯 10g, 당근 10g, 우엉 10g, 소고기 15g, 게살 10g, 달걀 10g, 석이버섯 10g, 잣가루 조금

전병재료 | 밀가루 50g, 비트물 20ml, 당근물 20ml, 부추물 20ml, 치자물 20ml, 소금 10g

### 만드는 방법

1 오이, 당근, 우엉을 깨끗이 손질하여 곱게 채를 설고 마른 팬에 참기름과 소금을 넣어 볶아 물기 없이 준비한다.
2 소고기와 게살도 곱게 채 썰어 볶고, 게살도 곱게 찢어 준비한다.
3 달걀은 황·백으로 분리 휘핑하고, 소금을 넣어 두 가지로 지단을 부쳐 식힌 후 곱게 채 썰어 준비한다.
4 밀가루는 위 야채로 믹서에 갈아 반죽물을 만들어 기름기 없이 전병을 부친다.
5 부쳐놓은 전병에 갖가지 볶아놓은 야채를 올려, 먹기 좋게 말아 접시에 가지런히 담아 완성한다.

# 구절말이

### 생각해 보기

먹기 좋게 말았지만, 재료 한 가지씩 접시에 담아 보기 좋게 담은 후 가운데에 전병을 올려 낸다.

피(皮)를 생선의 살로 만든 만두이다.
민어나 숭어 등의 살을 얇고 넓게 저며 피를 만들고,
소를 넣어 반달 모양으로 접은 다음 갈분이나 녹말을 묻혀 끓는물에 익힌다.

## 재료 및 분량

재료 | 흰살생선 80g, 표고버섯 20g, 오이 15g, 달걀 40g, 새우 35g, 만두피 5장, 소금 소량, 후추 소량

## 만드는 방법

1 생선살(민어, 동태)을 준비하여 곱게 다지고, 새우도 꼬리 부분은 따로 분리하여 다져놓는다.
2 오이도 속을 제거하여 곱게 채를 썰고, 표고버섯도 곱게 채 썬다.
3 위 재료들을 밑간하여 준비한 후, 만두피를 준비하여 생선살과 야채를 섞어 소를 만들어 피(皮)에 싼다.
4 새우꼬리는 소를 넣을 때 마지막에 끝부분에 세워서 함께 싸준다.
5 찜솥을 준비하여 김이 오르면 20분 정도 쪄서 완성한다.

# 궁중어만두

### 생각해 보기

어만두는 조선왕실에서 생선을 만두피로 만든 잔치음식의 하나로, 양반가에 전해져 내려왔다. 1901년 이후부터 소박했던 어만두는 대단히 화려하게 변신하였다.

Recipe

여러 가지 채소를 섞어 만드는 잡채는 열량이 높은 편이나, 단백질 · 지방 · 비타민 · 무기질 등이 충분한 영양식이다. 모든 재료를 기름에 볶기 때문에 고소하고 부드럽다. 특히 생일상과 잔칫상에 빠지지 않는다.

### 재료 및 분량

재료 | 당근 1개, 양파 1개, 부추 20g, 팽이버섯 30g, 목이버섯 20g, 소고기 50g, 당면 300g, 설탕 25g, 간장 10㎖, 간마늘 20g, 참기름 소량

### 만드는 방법

1 당근과 양파 등을 곱게 채 썰어 볶는다.
2 목이버섯을 물에 불려 손질하고, 소고기도 곱게 썰어 밑간한 후 참기름에 주물러 볶는다.
3 물 500㎖, 간장 50㎖, 설탕 25g, 간마늘 조금, 당면을 넣고 불에 올려 면이 졸을 때까지 8분 정도 졸인다.
4 팬에 졸인 당면과 각 야채를 넣어 볶은 후 고루 섞어 접시에 담는다.
5 고명으로 달걀지단과 통깨를 뿌려 완성한다.

# 궁중잡채

### 생각해 보기

갖가지 채소의 향과 색, 버섯과 고기의 감칠맛이 어우러져, 보기도 좋고 맛도 뛰어나 사람들이 매우 좋아한다.

Recipe

겨울철 별미인 꼬막은 철분과 아미노산이 풍부하여 어린이 성장발육과 빈혈예방에 도움을 준다. 무침은 파, 마늘 다진 것을 넣은 간장 양념장이나 초고추장 양념으로 무치며, 반찬으로 먹기도 한다.

## 재료 및 분량

**재료** | 꼬막 300g, 달래 50g, 부추 20g, 오이 1개, 청양고추 2개, 당근채 10g, 양파 10g, 삼채 20g
**양념** | 초장 30g, 통깨 10g, 레몬즙 10g, 참기름 10㎖

## 만드는 방법

1 꼬막을 준비하여 끓는물에 삶아 껍질제거를 한 후 손질한다.
2 야채는 먹기 좋은 크기로 잘라 물에 담가 진을 뺀다.
3 볼에 꼬막과 야채를 넣고 초장과 참기름을 넣어 버무린다.
4 접시에 담아, 마지막에 통깨를 뿌려 완성한다.

# 꼬막초무침

## 생각해 보기

초고추장에 무친 꼬막무침은 꼬막비빔밥 고명으로도 이용하고, 마늘의 알리신이나 미나리 등의 향은 조개의 비릿한 향을 감소시켜 맛을 좋게 한다.

Recipe

꽃게는 혈관건강 관리에 도움이 되는 키토산이 풍부하다.
이 키토산이 혈관 내 콜레스테롤 수치를 낮춰주고 혈행을 개선시켜 주며,
혈관을 튼튼하게 만든다. 또한 각종 혈관 관련 질환을 예방한다.

## 재료 및 분량

**재료** | 꽃게 2마리, 식용유 소량

**소스** | 땅콩버터 1t, 고추장 2t, 고춧가루 1t, 물엿 2t, 고추기름 2t

## 만드는 방법

1 꽃게는 먹기 좋은 크기로 잘라, 기름에 바삭하게 튀긴다.

2 위 소스 재료는 고루 섞어 준비한다.

3 달군 팬에 꽃게 튀긴 것을 넣은 후 소스를 뿌리고, 한 번 뒹굴려 땅콩버터를 얹어 완성한다.

# 꽃게강정

### 생각해 보기

꽃게강정은 튀김가루에 녹말가루를 넣어 함께 버무려 튀겨야 꽃게의 바삭한 껍질이 고소하다. 튀김온도는 꽃게를 그냥 튀길 때와는 다르게, 조금 더 기름의 온도를 높여야 바삭하다.

Recipe

고춧가루는 베보자기에 싸서 고춧물을 우려내어 사용한다. 마늘, 생강 등도 편으로 썰어 양념이 떠다니지 않도록 해야 정갈하다. 고추는 하층민의 음식으로 활용되었고, 양반가에서는 실고추나 색을 내는데 사용하였다.

### 재료 및 분량

재료 | 무 1개, 배추 1/2포기, 배 1개, 미나리 15g, 고운고춧가루 20g, 찹쌀풀 10g, 사과 2개, 배 2개, 천일염 10g, 대파 10g, 건고추 10g

### 만드는 방법

1 무, 배추는 손질한 후 먹기 좋게 나박썰기를 한다.
2 고운 베보자기를 준비하여 고춧가루, 건고추 간 것, 찹쌀풀을 넣고 물을 넣어 고춧물을 만든다.
3 고춧물 만든 것에 사과, 배, 무를 얇게 편으로 썰어 망에 담아 파와 함께 넣는다.
4 고춧물에 무, 배추를 넣어 소금으로 간을 맞춘 뒤 3~4일간 숙성한다.
5 상에 올리기 전 미나리를 올려 완성한다.

# 나박김치

### 생각해 보기

담백하고 상큼한 맛이 있어 수분이 적은 퍽퍽한 음식을 먹을 때 곁들였다. 주안상 · 교자상에서 안주류나 국수, 떡국, 과정류 등을 먹을 때 곁들인다.

Recipe

녹두는 죽, 전, 묵, 나물 등으로 다양하게 활용하였다.
이북 지역에서는 갈아서 전으로, 영남 지역에서는 싹을 키워 숙주나물로,
호남 지역에서는 가루를 내어 청포묵으로 애용한다.

## 재료 및 분량

재료 | 깐녹두 300g, 숙주 100g, 신김치 60g, 고사리 100g, 다진돼지고기 100g, 대파 20g, 간마늘 10g, 쌀가루 100g, 식용유 100㎖, 소금 약간, 후추 약간

## 만드는 방법

1 깐녹두를 물에 불린 후 믹서에 약간 거칠게 간다.
2 숙주는 데치고, 고사리는 손질하여 데친 숙주와 짤막하게 썰어놓고, 김치도 같은 크기로 썰어 놓는다.
3 갈아놓은 녹두에 쌀가루를 넣고, 준비된 야채를 섞어 소금을 넣어 간을 한다.
4 팬에 기름을 넉넉히 두르고, 녹두반죽을 넣어 노릇노릇하게 익힌다.
5 청고추, 홍고추를 어슷썰어 고명으로 올려 완성한다.

# 녹두전

### 생각해 보기

녹두는 콩과 식물답게 단백질함량과 칼슘, 철분, 칼륨, 비타민B 복합체 등 무기질 및 비타민함량이 높은 우수한 영양식이다.

Recipe

느타리버섯은 비타민$D_2$의 모체인 에르고스테롤을 많이 함유하고 있다. 고혈압과 동맥경화의 예방 및 항암치료에도 효과적이며, 베타글루칸 등이 풍부하여 면역기능을 높여 암세포 증식을 억제한다.

## 재료 및 분량

재료 | 느타리버섯 150g, 달걀 2개, 밀가루 30g, 홍고추 1/2개, 청고추 1/2개, 소금 소량, 식용유 40㎖

## 만드는 방법

1 느타리버섯을 준비하여 끓는물에 데친다.
2 달걀물에 소금을 넣고 고루 저어 놓는다.
3 데친 느타리버섯에 밀가루를 묻혀 달걀물을 씌운 후, 달군 팬에 기름을 둘러 지진다.
4 고명으로 청고추, 홍고추를 얹어 완성한다.

# 느타리버섯전

### 생각해 보기

갓 표면이 윤기 있고, 갓 두께가 두툼하며 색이 짙고, 대의 색이 맑으며 탄력이 있고, 버섯 밑동이 서로 붙어 조직이 단단한 것이 좋다.

Recipe

단호박의 비타민과 무기질은 체내 콜레스테롤을 낮춰 혈관질환 및 성인병을 예방한다. 항산화기능 및 피부노화를 방지하고 암 예방에 도움을 준다. 특히 베타카로틴함량이 높아 성인 하루 권장량의 비타민A를 섭취할 수 있다.

## 재료 및 분량

재료 | 단호박 1개, 훈제오리 1/2마리, 숙주 50g, 부추 20g, 통마늘 20g

## 만드는 방법

1 단호박은 씻어 찜솥에 20분 정도 쪄낸다.
2 훈제오리는 편으로 썰어 준비하고, 숙주와 부추는 강불에 볶는다.
3 통마늘도 편으로 썰어 준비한다.
4 찐 단호박을 먹기 좋게 썰어 접시에 돌려 담는다.
5 훈제오리는 센불에 볶아, 미리 볶아놓은 야채와 섞어 다시 한 번 볶는다.
6 호박 가운데 돌려 담아 찐호박과 함께 담아 완성한다.

# 단호박훈제오리찜

### 생각해 보기

단호박은 단단하여 쉽게 껍질을 벗기거나 자르기가 어렵다. 쉽게 손질하기 위해서는 살짝 찌거나 전자레인지에 꼭지를 아래로 향하게 한 후 돌리면 쉽게 손질이 된다.

Recipe

수삼은 재배한 인삼을 수확한 후 특별히 가공하지 않은 것을 말하는데, 건조과정을 거치지 않아 '생삼'이라고도 불린다. 수삼은 홍삼, 백삼, 태극삼, 당침삼 등의 원료로 사용되고 있으며, 음식에도 다양하게 활용된다.

### 재료 및 분량

**재료** | 닭가슴살 100g, 수삼 2뿌리, 풋마늘 2개
**소스** | 두반장소스

### 만드는 방법

1 닭가슴살은 끓는물에 통후추, 술, 생강을 넣고 15분 정도 삶아 먹기 좋게 찢는다.
2 풋마늘도 먹기 좋은 크기로 잘라 데친다.
3 수삼도 깨끗이 씻어 채 썬다.
4 위 재료를 접시에 보기 좋게 담고, 두반장소스를 얹어 완성한다.

# 닭가슴살수삼냉채

### 생각해 보기

수삼은 면역기능 조절, 혈압 조절, 항 스트레스 및 항 피로작용, 갱년기장애 개선 등에 효능이 있다.

Recipe

고단백 식품으로 근육 만들기와 같은 몸매 가꾸기에도 적합하고, 다이어트와 동맥경화 예방에도 좋다. 리놀산을 함유하고 있어 콜레스테롤을 낮추고, 올리고당이 많아 장의 움직임을 활성화하여 소화흡수를 좋게 한다.

### 재료 및 분량

**재료** | 두부 300g, 돼지고기목살 200g, 양파 1/2개, 대파 1개, 육수 500㎖, 들기름 약간, 버섯 10g, 시금치 10g

**양념장** | 고추장 2t, 고춧가루 2t, 국간장 1t, 맛술 1t

### 만드는 방법

1 먼저 양념장을 섞어 준비하고, 양파와 야채도 먹기 좋게 썬다.
2 두부는 도톰하게 썰고, 돼지고기도 먹기 좋게 썬다.
3 냄비 밑에 양파와 대파를 깔고, 그 위에 두부와 고기, 고추를 올린다.
4 준비한 양념장을 고기 위에 올리고, 육수를 부어 끓인 후 상에 낸다.

# 대전두부두루치기

### 생각해 보기

두부를 오래 보관해야 할 때는 물에 담가두는 것이 좋다. 이때 물에 소금을 조금 뿌리면 신선한 맛을 좀 더 오래 유지할 수 있다.

Recipe

매끈하게 쭉 빠진 더덕은 수컷, 통통하고 잔뿌리가 많은 더덕은 암컷이다. 요리에는 수컷 형태의 더덕이 맛이 있고, 인삼처럼 '사포닌'이 있어 허약해진 위를 튼튼하게 하고, 남성들의 정력을 길러주며 폐기능도 원활하게 한다.

### 재료 및 분량

재료 | 더덕냉면사리 1봉(200g), 더덕 15g, 냉면육수(양지, 대파, 무, 양파, 다시마, 표고버섯) 100㎖, 동치미육수 70㎖, 무초절임 10g, 오이초절임 10g, 배 10g, 달걀 1/2개

### 만드는 방법

1 소 양지에 야채를 넣어 40분 정도 끓여 육수를 준비망에 걸러 맑게 한다.
2 동치미육수와 섞어 육수물을 준비하고, 더덕을 갈아 체에 걸러 육수와 함께 섞는다.
3 더덕냉면은 끓는물에 삶아 찬물에 헹군다.
4 준비된 육수는 살짝 얼려 냉면기에 담고 면을 넣는다.
5 위에 고기편, 배, 오이초절임, 무절임, 달걀 1/2개를 올려 완성한다.

# 더덕냉면

### 생각해 보기

더덕은 사포닌이 풍부하여 쌉싸름한 맛이 나며 고유의 향이 강하다. 기관지 질환의 완화와 동맥경화 예방, 혈당 조절 등의 다양한 효능을 가지고 있다.

Recipe

도토리는 우리나라에 널리 분포하며 주로 묵으로 만들어 먹었다.
도토리의 떫은 맛 성분인 타닌은 물에 담가두면 밖으로 빠져나와 그릇바닥에 가라앉게 되는데, 이 가루로 만든 것이 도토리묵이다.

### 재료 및 분량

재료 | 도토리묵 1모, 배추김치 30g, 김가루 소량
육수 | 버섯가루 100g, 파 20g, 무 50g, 다시마 20g(끓여 식힌 후 사용)

### 만드는 방법

1 김치를 먹기 좋게 채 썰어 준비하고, 묵도 가늘게 썰어 놓는다.
2 그릇에 김치와 도토리를 담고, 끓여 식힌 육수를 넣고 김가루와 쑥갓을 올려 완성한다.

# 도토리묵밥

### 생각해 보기

도토리에 들어있는 타닌 성분은 근육을 수축시키는 수렴작용이 있어 설사에 효과적이다. 너무 많이 섭취하면 변비를 유발할 수도 있으므로, 변비가 있는 사람은 유의해야 한다.

Recipe

하얗게 윤기가 있고 단단하며 매끈하고 상처가 없는 것, 그리고 초록색을 띠는 무청이 달린 것이 싱싱하다. 무에는 비타민C가 풍부하며, 함유된 메틸메르캅탄 성분은 감기균 억제 기능이 있어 감기예방에 효과적이다.

### 재료 및 분량

**재료** | 무 5개, 홍갓 1/2단, 대파 4대, 배 3개, 사과 3개, 천일염 45g, 오이 3개, 통마늘 3쪽

### 만드는 방법

1 무를 깨끗이 씻어 밑소금을 뿌려 살짝 절인다.
2 갓과 파, 오이 등의 재료를 편으로 썰어 망에 담는다.
3 김치통에 망에 담은 재료를 넣고 정수물을 부어 간을 맞춘 뒤, 10일 정도 숙성하여 완성한다.

# 동치미

**생각해 보기**

껍질 벗긴 배를 통으로 넣어주면 더 맛이 좋다.

홍초의 유기산은 피부의 노폐물과 독소를 제거하고, 함유된 비타민과
영양소는 피부를 가꾸는 데에 좋다. 이 유기산 성분은 혈관의 노폐물을
배출하고 콜레스테롤 수치를 낮추며 고혈압, 혈관 질환을 예방한다.

### 재료 및 분량

**재료** | 돈목심 200g, 간장 100㎖, 설탕 30g, 간마늘 20g, 간생강 10g, 감자가루 15g, 튀김기름 소량
**홍초소스** | 파 1대, 사과 3개, 무 1개, 간장 70㎖, 물엿 30g

### 만드는 방법

1 목심을 준비하여 밑간을 한 후 감자전분을 묻혀 바삭하게 튀겨 놓는다.
2 홍초소스는 물과 파, 사과 등을 넣어 2시간 정도 끓여, 간장과 물엿으로 간을 맞춘다.
3 튀긴 고기에 만들어 놓은 소스를 넣고 센불에서 윤기 나게 졸여 접시에 담아 완성한다.

# 돼지목살홍초

### 생각해 보기

홍초에는 펙틴이라는 성분이 있어, 체내에 쌓인 중금속이나 독소를 분해하여 배출시켜 주는 효과를 한다.

보라색 껍질에는 안토시아닌계 색소인 히아신과 나스닌이 풍부하여
혈관의 노폐물 제거와 항암효과를 한다. 가지에는 수분과 칼륨이 다량으로
함유되어 있어, 이뇨작용을 촉진하여 노폐물 배출에 도움을 준다.

## 재료 및 분량

**재료** | 가지 2개

**된장양념** | 된장 3스푼, 매실청 1스푼, 청양고추 1개, 쪽파 1개, 간마늘 10g

## 만드는 방법

1 가지는 도톰하고 길게 잘라 끓는물에 살짝 데친다.
2 데친 가지를 석쇠에 구워 접시에 담는다.
3 된장과 나머지 재료를 섞어 다진 양념을 만들어 굽는다.
4 접시의 가지에 촘촘히 얇게 펴 얹어 완성한다.

# 된장가지구이

### 생각해 보기

가지꼭지 끝이 싱싱하며 모양이 곧고, 표면은 선명한 보랏빛으로 광택이 나야 신선한 것이다.

Recipe

된장에 함유된 키토올리고당은 항암, 항균 작용에 폐암 억제, 콜레스테롤 저하 등에 효과적이다. 된장은 단백질함량이 높고 아미노산 구성이 좋아 소화의 효율을 높여주며, 필수지방산은 피부병 및 혈관질환 예방에 좋다.

### 재료 및 분량

**재료** | 육수 500㎖, 무 2개, 다시마 3장, 멸치 100g, 대파 2대, 양파 3개, 표고버섯가루 50g, 된장 100g
**육수** | 애호박 1개, 두부 1/2모, 팽이버섯 30g, 대파 15g, 표고버섯 10g, 양파 30g, 청양고추 1개

### 만드는 방법

1 육수재료를 넣고 15분 정도 끓여 다싯물을 만든 뒤, 표고버섯가루와 된장을 풀어 국물을 만든다.
2 만들어진 된장물에 호박 등의 야채를 먹기 좋은 크기로 썰어 넣고, 뚝배기에 담아 한소끔 더 끓여 완성한다.

# 된장찌개

### 생각해 보기

취향에 따라 멸치육수, 조개육수 등을 사용하여 다양한 맛을 낼 수 있다.

Recipe

단백질이 많고 지방, 당질, 섬유질, 인, 칼슘, 철분, 비타민($B_1 \cdot B_2 \cdot C$), 사포닌 등이 있어 혈당을 내리고 혈중지질을 낮추어 당뇨병, 신장병, 위장병에 좋다. 민간에서는 두릅나무 가시를 달여 먹으면 고혈압에 효과적이라 알려져 있다.

### 재료 및 분량

재료 | 두부 2모, 두릅 3개, 스테이크소스 100㎖

### 만드는 방법

1 팬에 기름을 두르고 두부를 굽는다.
2 두릅은 데쳐 준비한다.
3 구워낸 두부와 두릅을 접시에 담아, 스테이크소스를 곁들여 완성한다.

# 두부두릅스테이크

### 생각해 보기

두릅은 혈당치를 낮춰주어 당뇨병에 효과적이다. 그러나 냉한 식물이므로 많이 먹으면 설사나 배탈이 나기가 쉽다.

두부는 고단백식품으로 근육 만들기와 같은 몸매 가꾸기에 적합하며, 다이어트와 동맥경화 예방에도 좋다. 리놀산을 함유하고 있어 콜레스테롤을 낮추고, 올리고당이 많아 장의 움직임을 활성화하고 소화흡수를 돕는다.

### 재료 및 분량

재료 | 두부 1모, ㄷ-진소고기 50g, 표고버섯 20g, 파 15g, 마늘 5g, 양파 10g

### 만드는 방법

1 두부는 도톰하게 잘라, 속을 넣을 수 있도록 다시 칼집을 넣는다.
2 칼집을 낸 두부를 팬에 구워 놓는다.
3 소고기에 양념을 넣고 재워 두부칼집 속에 넣고, 찜솥에 속이 익을 정도만 익혀 담아 낸다.

# 두부소박이

#### 생각해 보기

두부를 오래도록 보관해야 할 때는 물에 담가두는 것이 좋다. 이때 물에 소금을 조금 뿌리면 신선한 맛을 좀 더 오래 유지할 수 있다.

Recipe

들깨는 리놀레산을 함유하고 있어 중성지방을 저하시켜 주며
알레르기 증상을 완화시킨다. 비타민E 성분이 체내의 노화를 발생시키는
활성산소를 제거하고, 세포 재생에 도움을 주는 항산화작용을 한다.

### 재료 및 분량

**육수** | 밴댕이 50g, 무 2개, 대파 2대, 양파 3개, 다시마 2장

**속재료** | 들깨가루 200g, 표고버섯가루 70g, 새우가루 50g, 찹쌀가루 소량, 조랭이떡 70g, 팽이버섯 20g, 새송이 1/2개

### 만드는 방법

1 통에 물과 밴댕이 등 재료를 넣고 끓여 육수를 만들어 놓는다.
2 만든 육수에 들깨가루와 찹쌀가루를 넣어 농도를 맞춘다.
3 버섯을 먹기 좋은 크기로 썰어 함께 넣어 끓인다.
4 새우가루 등 나머지 재료를 넣고 끓여 완성한다.

# 들깨탕

### 생각해 보기

들깨는 껍질이 얇고 잘 벗겨지는 것이 좋다. 또한 낟알의 크기가 작고 매끄러우며 윤택한 것이 좋다.

마늘은 알리신, 폴리페놀과 같은 항산화 성분이 풍부하여 항균작용과 면역력 증진에 탁월하다. 이밖에도 사포닌, 셀레늄 등도 다량으로 함유되어 있어 성기능 개선, 노화예방, 항암효과, 기력회복 등에도 효과적이다.

### 재료 및 분량

**재료** | 마늘 100g, 호두 100g, 간장 10㎖, 물엿 소량

### 만드는 방법

1 마늘과 호두를 준비한 후 식용유에 마늘을 넣고 볶는다.
2 매운맛이 없을 정도로 볶는다.
3 호두를 넣고 간장과 물엿을 넣어 졸여 완성한다.

# 마늘호두조림

### 생각해 보기

호두에는 오메가-3지방산이 풍부하게 들어있고, 레즈베라트롤이라는 성분이 있어 심혈관 질환을 예방하고 염증 감소에 효과적이라 천식 및 만성염증 완화에 좋다.

Recipe

매생이는 체내 유해한 활성산소를 제거해 주고 콜레스테롤 수치를 낮춘다.
또한 혈관도 깨끗하게 해주고, 성인병 예방과 피로회복에도 좋다.
그리고 미네랄 성분과 철분이 풍부하여 빈혈에도 좋다.

## 재료 및 분량

**재료** | 매생이 100g, 굴 50g, 소금 조금, 간마늘 조금, 다시팩 1개

## 만드는 방법

1 다시팩에 물을 넣고 육수를 만든다.
2 매생이와 굴을 넣어 끓인다.
3 마늘을 넣어 한소끔 더 끓인 후 완성한다.

# 매생이굴국

### 생각해 보기

굴은 철분, 마그네슘으로 빈혈을 회복하고, EPA의 함량으로 심장·뇌혈관질환 예방, 아연은 자양강장, 당뇨개선, 탈모방지, 셀레늄은 갑상선기능 저하증 예방, 타우린과 글리코겐 등이 풍부하여 숙취해소에 좋다.

Recipe

닭에는 암세포 증식을 막는 항암작용과 불포화지방산 중 리놀레인산이 함유되어 있어 암 발생을 억제하며 동맥경화, 심장병 등의 예방에 도움이 된다. 또한 소화흡수가 잘되어 어린이나 노인, 회복기환자 등에 좋다.

### 재료 및 분량

**재료** | 닭 200g, 간마늘 20g, 간생강 10g, 양파 100g

**다진양념** | 고추장 3t, 고춧가루 2t, 설탕 1t, 맛술 조금, 간장 1t

### 만드는 방법

1 닭은 깨끗이 손질하여 위의 재료와 다진 양념으로 재워 놓는다.
2 팬을 달궈 물기 없이 볶아 접시에 담는다.
3 양파채를 곁들여 완성한다.

# 매운닭불고기

### 생각해 보기

닭고기는 다른 육류에 비해 두뇌성장을 돕는 단백질이 풍부하다. 닭고기의 단백질은 몸을 유지하는데 뼈대의 역할, 세포조직의 생성, 각종 질병 등을 예방한다.

중국인이 선호하는 호박을 사용하며, 피망전에는 두부를 활용하여
담백한 맛을 더한다. 흰살생선을 선호하므로 동태를 이용하여 생선전을 만든다.
팬에 기름을 둘러 지져내는 한국 고유의 조리법을 보여준다.

### 재료 및 분량

재료 | 애호박 1/2개, 김치 50g, 느타리 30g, 부침가루 70g, 달걀 3개, 홍고추 20g, 청고추 20g, 식용유 200㎖

### 만드는 방법

1 느타리는 끓는물에 데쳐 반으로 편 썰어, 밀가루에 묻혀 달걀물을 입힐 준비를 한다.
2 애호박은 도톰히 썰어 소금에 살짝 절인다.
3 김치도 쫑쫑 다져 물기를 꼭 짜 놓는다.
4 위 재료들을 각각 밀가루에 입힌다.
5 반죽한 준비물을 달궈진 팬에 구워 청·홍고추를 고명으로 놓고, 접시에 기름종이를 깔고 예쁘게 담아 완성한다.

# 모듬전

#### 생각해 보기

전을 부쳐내어 뜨거운 채로 겹쳐두면 옷이 벗겨지기 쉽다. 넓은 채반이나 소쿠리에 하나씩 펼쳐 놓았다가, 한 김 나간 다음 그릇에 담는다.

Recipe

배추는 수분함량이 높아 이뇨작용에 효과적이며, 열량이 낮고 식이섬유 함유량이 많아 변비와 대장암 예방에 좋다. 또한 수분을 비롯하여 칼슘과 칼륨, 비타민, 무기질 등의 영양소가 풍부하다.

## 재료 및 분량

**재료** | 통배추 3포기, 무 1개, 갓 1/2단, 쪽파 1/2단, 생강 20g, 간마늘 40g, 새우젓 30g, 까나리액젓 20㎖, 고춧가루 100g, 배 1개, 사과 1/2개

## 만드는 방법

1 배추는 반으로 잘라 소금에 절인다.
2 무는 씻어 굵게 채를 치고, 갓과 쪽파는 손가락 만하게 썬다.
3 배추가 어느 정도 절여졌으면 씻어 물기를 빼놓고, 무 썬 것과 고춧가루, 갓, 생강, 마늘, 새우젓 등을 넣고 무채를 버무린다.
4 간을 하여 준비한다.
5 배추의 포기를 벌려 그 사이에 양념을 넣고, 차곡차곡 김치통에 넣어 3~4일 정도 숙성하여 완성한다.

# 배추김치

### 생각해 보기

겉잎은 짙은 녹색을 띠고, 속잎은 선명한 노란색을 띠는 것이 좋다. 그리고 뿌리는 크기가 작고 뿌리의 주변이 단단한 것이 좋다.

Recipe

백합에 많이 들어있는 타우린, 베타인, 비타민$B_{12}$ 성분은
간세포의 활성화를 도와주고, 간의 피로회복 및 기능개선이 뛰어나다.
알코올 분해를 도와주어 음주 후 숙취해소에도 효과적이다.

### 재료 및 분량

**재료** | 백합 200g, 쑥갓 20g

**육수** | 해물다시팩 1봉

### 만드는 방법

1 백합을 준비하여 해감한 후 깨끗이 손질한다.

2 해물다시팩을 넣고 육수를 만들어 놓는다.

3 육수를 불에 올리고, 우려낸 다시팩은 건진다.

4 육수에 백합을 넣고, 중불에 끓이면서 백합이 어느 정도 벌어지면 쑥갓을 올려 완성한다.

## 백합탕

### 생각해 보기

백합의 칼로리는 지방함량이 낮고, 단백질과 아미노산, 무기질 성분이 풍부하여 다이어트에 효과적이다.

Recipe

표고버섯은 육류로부터 얻을 수 있는 단백질과 채소에 풍부한 비타민, 무기질이 골고루 들어 있다. 또한 표고버섯의 멜라닌 색소는 정신을 안정시켜 주고 렌티난 성분은 장을 튼튼하게 한다.

## 재료 및 분량

**재료** | 브로콜리 100g, 표고버섯 100g, 밀가루 70g, 튀김가루 50g
**소스** | 마요네즈 5t, 고추기름 30㎖, 유자청 20g

## 만드는 방법

1 브로콜리와 표고버섯은 먹기 좋은 크기로 잘라, 밀가루 옷을 입히고 튀김가루 반죽을 조금 묽게 해서 180℃ 온도에서 튀긴다.
2 마요네즈 5t에 고추기름과 유자청을 넣어 농도와 단맛을 낸다.
3 팬에 튀긴 브로콜리와 마요고추기름소스를 넣고 뒹굴려, 접시에 담아 땅콩 분태를 얹어 완성한다.

# 브로콜리표고탕수

### 생각해 보기

브로콜리에는 비타민C, 베타카로틴 등의 항산화물질이 풍부하다. 베타카로틴은 항산화작용을 가지고 있는 미량영양소이다. 항산화물질은 노화와 암, 심장병 등 성인병을 예방한다.

만두는 뇌환(牢丸), 불탁(不飥), 박탁(餺飥), 습면(濕麵), 석류탕(石榴湯), 병시(餠匙), 탕병(湯餠) 등으로 적혀있다. 만두는 중국에서 유래하여 우리나라에 전해진 것으로, 소(餡)를 넣은 것과 넣지 않은 것으로 구분된다.

## 재료 및 분량

**재료** | 육수물(다시팩 가능), 만두 4개

**만두재료** | 김치 1/2포기, 돼지고기 100g, 당면 20g, 숙주 50g, 만두피 4장, 달걀 20g, 대파 30g

## 만드는 방법

1 다시팩으로 육수물을 만들어 놓는다.
2 김치와 돼지고기는 잘게 다져 물기를 꼭 짜 놓는다.
3 숙주는 데쳐 잘게 다지고, 당면도 삶아 잘게 다지고, 두부는 물기를 꼭 짠다.
4 준비된 재료를 섞어 소금, 달걀을 넣어 반죽한 후, 준비된 만두피로 만두를 만든다.
5 준비한 육수를 끓인 후 빚은 만두를 넣고, 다시 끓여 달걀지단을 올려 완성한다.

# 사골김치만둣국

### 생각해 보기

만둣국에 넣는 고기는 소고기, 돼지고기, 닭고기, 꿩고기 등으로 다양하게 사용한다. 준비한 만두는 찐만두나 군만두로 즐길 수 있다.

Recipe

'편육'은 돼지머리 등 젤라틴이 풍부한 부위를 삶아서 틀에 넣고 무거운 것으로 눌러 식힌 뒤 썬 것이다. 핏물을 뺀 사태에 대파, 마늘을 넣고 끓인 뒤 베보자기에 싸서 모양을 잡아 편으로 썰고 초장을 곁들인다.

### 재료 및 분량

**재료** | 사태 5kg, 통후추 10알, 월계수잎 3장, 부추 50g, 달래 50g

### 만드는 방법

1 사태를 핏물제거 한 후 통후추, 월계수잎 등을 넣어 고기가 쫀득하게 무를 때까지 삶아 건진다.
2 부추와 달래 등 야채를 고춧가루, 간장, 마늘 등을 넣어 조물조물 무친다.
3 삶아 놓은 사태를 먹기 좋게 편으로 썰어 접시에 담고, 한쪽에 나물 무침을 곁들여 완성한다.

# 사태편육

### 생각해 보기

젓가락으로 찔러 잘 들어갈 정도면, 건져 찬물에 담갔다가 꺼낸다. 삼베보자기나 깨끗한 행주에 싸서 눌러놓았다가 고기가 굳으면 꺼낸다. 뜨거울 때 눌러놓아야 젤라틴화 된 결체조직이 근조직을 잘 결합시켜 모양이 반듯하다.

Recipe

삼겹살은 지방함량이 지나치게 높다는 것이 단점이다.
그러나 비타민과 미네랄이 적당히 함유되어 있고,
부드러우면서도 식감이 좋은 것이 장점이다.

## 재료 및 분량

재료 | 삼겹살 200g, 신김치 1/2포기, 간마늘 40g, 고춧가루 50g, 대파 10g, 팽이버섯 10g, 소금 소량

## 만드는 방법

1 김치를 준비하여 자르지 말고, 길게 돌돌 말아 놓는다.
2 삼겹살은 길게 준비하여, 말아 놓은 배추를 삼겹살로 싸서 냄비에 보기 좋게 앉힌다.
3 국물을 붓고 대파, 마늘, 고춧가루를 넣어 끓인다.
4 마지막으로 팽이버섯을 얹어 익힌 후 완성한다.

# 삼겹살김치말이찜

### 생각해 보기

특히 김치의 재료인 고추에는 사과의 50배, 밀감의 2배나 되는 엄청난 양의 비타민C가 함유되어 있다.

Recipe

올방개전분에 물을 넣고 끓여 묵이 쑤어지면 참기름, 소금을 넣어
뜸들인 후 묵틀에 부어 굳힌다. 봄철 별미인 올방개묵은 메밀이나 도토리묵에
비해 윤이 나며 쫄깃하여 식욕을 촉진시킨다.

## 재료 및 분량

재료 | 흑임자묵 1모, 산수유묵 1모, 치자묵 1모, 쑥갓 200g, 메밀싹 30g, 당근 20g, 청양고추 20g, 홍고추 1/2개, 통깨 20g, 참기름 10㎖, 간장 20㎖, 고춧가루 10g

## 만드는 방법

1 3가지색 묵을 묵칼로 먹기 좋은 크기로 잘라 놓는다.
2 위 야채들은 깨끗이 손질하여 알맞은 크기로 잘라 놓는다.
3 준비된 야채에 간장, 참기름, 고춧가루, 통깨를 뿌려 무쳐서 접시에 담고, 묵도 가지런히 담아 완성한다.

# 삼색올방개무침

### 생각해 보기

올방개묵은 위장을 튼튼하게 하고, 황달치료 및 해열 등에 효능이 있다.

Recipe

자연산 송이버섯의 대용품이 새송이버섯이다.
자연산 송이버섯만큼의 진한 맛과 향을 내지는 못하지만,
그 질감만은 비슷하다. 쫄깃하고 비타민C가 풍부한 웰빙식품이다.

## 재료 및 분량

**재료** | 새송이 3개, 소고기 100g, 대파 40g, 간장 30㎖, 마늘 15g, 물엿 20g, 간마늘 10g, 후추 소량

## 만드는 방법

1 준비한 새송이를 삼등분으로 편 썬다.
2 소고기는 간장양념을 하여 재워 놓는다.
3 편 썬 새송이에 전분을 묻히고, 그 사이에 고기를 넣어 팬에 기름을 두르고 노릇하게 구워내어 접시에 담아 완성한다.

# 새송이고기산적

### 생각해 보기

새송이버섯을 쫄깃하게 익도록 생으로 꼬치에 꿴 후, 석쇠에서 노릇하게 구우면서 참기름으로 만든 양념장을 바르면 색이 곱고 간이 알맞다.

Recipe

가운데는 볼록하며 구멍이 뚫려 있어 직화가 가능하고, 가장자리는 오목하여 물을 담을 수 있는 불고기전용 용기에 구워 먹는다. 얇은 양은용기가 불에 타기 쉬워 가장자리에 물을 넣는데, 풍미를 더하기 위해 육수를 붓기도 한다.

## 재료 및 분량

재료 | 불고기용(소목심) 200g, 양파 80g, 대파 40g, 당면 50g, 간장 30㎖, 꿀 10g, 간마늘 15g, 후추 소량

## 만드는 방법

1 불고기용(소목심)을 핏물 제거한 후 간장, 꿀, 후추 등으로 불고기양념을 만든다.
2 준비된 불고기를 판에 깔고, 당면은 물에 불려 불고기판 한쪽에 놓는다.
3 불고기판을 버너 위에 올려, 국물을 자작하게 끓이면서 먹을 수 있게 상 위에 올려 완성한다.

# 서울불고기

### 생각해 보기

우리의 전통 고기구이는 맥적에서 유래하였다. 맥적은 고기를 꼬챙이에 꿰어 불에 굽는 음식인데, 석쇠가 나온 이후로는 꼬챙이에 꿸 필요가 없어져 지금의 불고기가 되었다.

Recipe

『시의전서』에는 나박김치나 동치미를 국물로 하고 양지머리, 배, 좋은 배추통김치 세 가지를 채쳐 얹고 고춧가루와 잣을 넣었고, 『음식법』에는 좀 더 다양한 부재료(배, 밤, 미나리, 파, 고추양념, 석류 등)들을 넣었다.

## 재료 및 분량

재료 | 석류냉면 1봉, 오이 30g, 배 20g, 달걀(삶은 것) 1/2개, 무초절임 15g
육수 | 냉면동치미육수 1봉(150㎖)

## 만드는 방법

1 석류냉면 시판용 1봉을 구입하여 삶아 찬물에 헹궈 준비한다.
2 냉면육수는 소의 양지 부분을 구입하여 핏물을 제거한 후 무, 파, 통후추, 통마늘, 파 등을 넣어 차게 식혀 놓는다.
3 동치미국물과 섞어 간을 한 뒤, 냉면(삶은 것)을 넣어 배 등 고명을 올려 완성한다.

# 석류냉면

### 생각해 보기

석류에는 당질과 유기산의 새콤한 맛을 내는 시트르산이 들어있다. 수용성비타민($B_1$ · $B_2$ · 나이아신)도 있으나 양은 적고, 껍질에는 타닌, 종자에는 갱년기장애에 좋은 천연식물성 에스트로겐이 있다.

Recipe

소머리, 사골, 도가니 그 밖의 뼈, 사태고기, 양지머리, 내장 등을 재료로 쓴다. 푹 끓이면 국물에 살코기와 뼈의 가용성분이 우러나와, 국물이 유백색의 콜로이드성 용액 상태를 이루고 살코기만을 곤 국과는 다른 독특한 풍미가 난다.

## 재료 및 분량

**재료** | 사골양지 500g, 대파 30g, 국수 70g, 소금 약간

## 만드는 방법

1 사골을 깨끗이 씻어 진한 국물이 나올 때까지 푹 고듯이 끓인다.
2 국수는 삶아 찬물에 헹궈 준비한다.
3 완성된 사골국물에 국수를 넣고, 썬 파와 함께 낸다.

# 설렁탕

### 생각해 보기

솥에 물을 끓이다가 뼈를 넣는데, 거품이 떠오르면 자주 걷어내고 누린내가 가시도록 생강, 파, 마늘 등을 넣는다. 고기류를 넣어 국물이 뽀얗게 될 때까지 끓인 후, 뼈는 건져내고 살과 내장을 썰어 다시 넣고 고기가 잘 뜯어질 때까지 끓인다.

Recipe

소고기는 단백질함량이 약 20% 정도인데
그 대부분이 근육단백질이며, 필수아미노산 조성은 우수하나
트립토판과 메티오닌이 부족하다.

## 재료 및 분량

재료 | 소갈비 600g, 간장 100㎖, 간마늘 30g, 배 50g, 통깨 10g, 참기름 10㎖, 설탕 20g, 물엿 20g, 양파 15g, 후추 약간

## 만드는 방법

1 준비한 갈비에 칼집을 내어, 넓게 펴 잘 구워질 수 있도록 칼집을 낸다.
2 손질된 갈비를 위 재료를 넣고 재워 둔다.
3 양념이 잘 배인 갈비를 석쇠에 놓고 약불에 구워 완성한다.

# 소갈비구이

### 생각해 보기

갈비구이는 LA갈비로 굽거나 살이 두툼한 것을 포를 떠서 양념하여 굽는다. 배를 넣으면 은근한 단맛이 나고 고기가 부드러워진다. 파인애플이나 키위를 넣어도 부드럽다.

Recipe

토마토에는 구연산, 사과산, 호박산, 아미노산, 루틴, 단백질, 당질, 회분, 칼슘, 철, 인, 비타민A, 비타민$B_1$, 비타민$B_2$, 비타민C, 식이섬유 등이 있다. 비타민C의 경우 토마토 한 개에 하루 섭취권장량의 절반 가량이 들어 있다.

## 재료 및 분량

**재료** | 토마토 1개, 불고기(볶은 것) 50g, 알새우(데친 것) 50g, 오이 20g, 표고버섯 10g

**소스** | 발사믹소스 30㎖

## 만드는 방법

1 토마토는 끓는물에 데쳐 열십자로 칼집을 내어 접시 중앙에 담는다.

2 소고기는 불고기용으로 볶아서 토마토 옆에 담는다.

3 오이, 표고버섯, 양파를 데치고, 데친 알새우는 보기 좋게 썰어 담는다.

4 발사믹소스와 곁들여 완성한다.

# 소고기토마토샐러드

### 생각해 보기

채소나 과일이 들어간 차가운 음식들을 섞은 것이다. 때론 크루톤이나 견과류를 음식 위에 뿌려서 먹으며 마요네즈를 뿌리기도 한다. 고기, 생선, 파스타, 치즈, 전곡립(도정하지 않는 곡물, 선식의 원료)도 곁들여 먹는다.

무에는 겨자유와 유화물질이 들어있어 맑은장국을 끓이면 시원하면서도 감미가 좋은 국이 된다. 소고기와 무, 다시마를 함께 넣고 끓이다가, 무가 다 익었을 때 무를 건져 네모나게 썰어 다시 넣고, 파를 넣어 한소끔 더 끓인다.

### 재료 및 분량

재료 | 무 200g, 소고기 200g, 대파 1개, 간마늘 20g, 국간장 10㎖, 소금 3g, 다시마 1장, 청양고추 2개, 후추 소량

### 만드는 방법

1 냄비에 물과 소고기를 넣고 끓인다. 이때 다시마도 넣어 우린 후 건진다.
2 어느 정도 끓이다가, 무를 깨끗이 씻어 먹기에 알맞은 크기로 네모지게 썰어 넣고, 간장과 소금으로 간을 한 후 대파를 넣고 끓여 완성한다.

## 소고기무국

### 생각해 보기

비타민C와 각종 미네랄이 풍부한 무, 질 좋은 단백질이 풍부한 소고기를 끓여 만든 소고기무국은 면역력 강화에 효과적이다.

Recipe

숙주나물은 수분이 대부분이며, 섬유소가 풍부하고 열량이 낮아 다이어트 식품으로 좋다. 활성산소를 제거해 주는 플라보노이드와 비텍신 성분이 포함되어 있어 세포노화를 예방하고 피부미용에도 좋으며 성인병을 예방한다.

### 재료 및 분량

**재료** | 숙주 200g, 소고기 150g, 홍피망 1/2개, 청피망 1/2개, 양파채 20g, 소금 소량
**양념** | 간장 3t, 꿀 3t, 후추 조금, 간마늘 조금, 통깨 조금

### 만드는 방법

1 소고기는 양념을 준비하여 재워 놓는다.
2 재워낸 양념고기를 팬에 볶는다.
3 숙주는 깨끗이 씻어 소쿠리에 밭쳐놓고, 홍피망과 청피망은 보기 좋게 썰어놓고, 양파는 가늘게 채 썰어 놓는다.
4 고기와 숙주, 양파 등 채소를 접시에 보기 좋게 담고, 겨자소스를 얹어 완성한다.

# 숙주나물생채

### 생각해 보기

녹두를 물에 불려 싹이 나게 하여 기른 나물로, '녹두채'라고도 부른다. 숙주나물을 깨끗이 손질하여 끓는물에 데쳐 물기를 빼고 갖은 양념에 무치는데, 특히 숙주나물을 데칠 때 뚜껑을 열면 비린내가 나므로 주의한다.

순두부는 수분이 많이 포함되어 있어, 두부에 비해 단위량 당 영양가는 많이 떨어진다. 부드럽고 콩 특유의 향기가 그대로 살아있어 입맛이 없을 때 또는 노인음식으로 많이 이용된다.

### 재료 및 분량

**재료** | 순두부 1봉, 바지락 100g, 청양고추 1개, 고춧가루 20g, 식용유 10㎖, 대파 10g, 쑥갓 한줌

### 만드는 방법

1 냄비에 식용유를 넣고 끓이다가, 온도가 오르면 고춧가루를 넣어 볶는다.
2 해감한 바지락과 함께 볶다가, 물을 넣고 끓인다.
3 순두부를 넣고 청고추, 홍고추, 쑥갓을 넣어 한소끔 끓여 완성한다.
4 간은 소금간으로 한다.

# 순두부찌개

### 생각해 보기

불린콩의 껍질을 벗겨서 간 후 끓여 무명으로 콩물을 짜낸다. 이 콩물(두유)에 간수를 넣으면 몽글몽글한 응고물과 함께 맑은물이 생기는데, 이 응고물이 순두부이다.

Recipe

쑥버무리에 넣는 쑥은 새봄에 돋아난 어린 참쑥이 좋다. 연한 쑥은 끝이 붙어 있도록 잘 다듬어 깨끗한 물에 씻고, 멥쌀가루는 설탕물을 섞어 체에 내린 후 멥쌀가루에 손질해 둔 쑥을 살살 섞어서 시루에 올려 찐다.

## 재료 및 분량

재료 | 쑥 500g, 쌀가루 200g, 소금 10g, 설탕 8g

## 만드는 방법

1 찜솥에 준비물을 부어 증기가 오르게 준비한다.
2 쑥도 깨끗이 씻어 소쿠리에 받혀 물기를 뺀다.
3 쌀가루는 소금과 설탕을 넣고 섞어서, 물기를 뺀 쑥과 함께 버무려 찜솥에 얹어 10분 정도 쪄 완성한다.

# 쑥버무리

### 생각해 보기

쑥향이 살아 있는 쑥설기를 만들기 위해서는, 쑥을 씻을 때나 쌀가루에 섞을 때 너무 세게 주무르면 풋내가 나므로 주의한다. 쑥은 특유의 맛이 식욕을 자극할 뿐만 아니라 향기롭다.

맑은 매운탕으로 지리는 주로 생선이나 채소, 두부 등을 넣어 끓인 전골과 비슷한 요리로 '지리나베'라고도 한다. 하지만 우리나라에서는 흔히 맑은 국물요리를 지칭할 때 '지리'라는 이름을 붙인다.

### 재료 및 분량

**재료** | 아귀 1마리, 오만둥이 100g, 무 1/2개, 콩나물 70g, 미나리 40g, 쑥갓 20g, 양파 1/2개, 대파 20g, 청고추 10g, 홍고추 10g

**육수** | 해물다시팩 1봉, 무 100g, 건고추 5개, 양파 1/2개, 통후추 5알

### 만드는 방법

1 해물다시팩으로 육수를 한소끔 끓여 만든다.

2 아귀와 오만둥이는 깨끗하게 손질하여 그릇에 담고, 야채류도 먹기 좋은 크기로 자른다.

3 전골냄비에 무를 썰어 바닥에 깔고 아귀를 올린다.

4 콩나물과 미나리 등 야채를 넣어 소금으로 간하고, 미리 준비한 육수를 넣고 중불에 끓이다가 마지막에 고추를 얹어 완성한다.

# 아귀지리탕

### 생각해 보기

아귀는 저지방생선으로 다이어트에 좋으며, 단백질이 풍부하여 필수 아미노산의 보충에 좋다. 또한 성장발육과 피부건강에도 탁월한 효능이 있다.

Recipe

고춧가루와 다진파, 마늘 등으로 매운맛을 내고 미더덕, 콩나물, 미나리 등으로 아귀와 함께 시원하고 개운한 맛을 낸다. 아귀찜은 뜨겁고 맵게 먹을 때 땀이 많이 나므로 겨울철에 먹으면 몸이 더워진다.

### 재료 및 분량

**재료** | 아귀 700g, 오만둥이 200g, 콩나물 300g, 미나리 300g, 양파 1개, 대파 3개

**소스** | 된장 1t, 고춧가루 5t, 청양고춧가루 1t, 소금 2t, 간마늘 2t, 간생강즙 1t, 맛술 2t, 녹말물 3t

### 만드는 방법

1. 아귀는 내장을 제거한 후 먹기 좋은 크기로 자른다.
2. 오만둥이, 콩나물, 미나리도 깨끗이 씻어 먹기 좋은 크기로 자른다.
3. 냄비에 콩나물을 깔고, 아귀와 오만둥이를 담는다.
4. 소스 재료는 모두 섞어 다진 양념을 만들고, 아귀 위에 모두 올린다.
5. 불을 켜서 중불에 한소끔 끓인 후, 미나리와 대파를 올려 녹말물을 두르고 한소끔 더 끓여 완성한다.

# 아귀찜

### 생각해 보기

아귀는 저지방생선으로 다이어트에 좋으며, 단백질이 풍부하여 필수 아미노산 보충에 좋다. 또한 성장발육과 피부건강에도 탁월한 효능이 있다.

Recipe

손질한 아귀에 미나리, 콩나물 등의 채소를 넣고 끓이는 아귀탕은,
마산 지역을 상징하는 대표적 음식이다. 해산물이 풍부하고 후덕한 인심을
가진 이 지역만의 독특한 특징을 보여준다.

### 재료 및 분량

**재료** | 아귀 700g, 오만둥이 100g, 무 1/2개, 애호박 1개, 쑥갓 60g
**육수** | 무 1/2개, 다시마 1개, 대파 2개, 밴댕이 한줌, 양파 1/2개
**소스** | 국간장 1t, 소금 3t, 버섯가루 2t

### 만드는 방법

1 아귀는 내장을 제거한 후 깨끗이 손질한다.
2 육수물을 만들어 위의 재료를 조금씩 넣은 후, 20분 정도를 끓여 다싯물을 만들어 체에 걸러 놓는다.
3 냄비에 아귀와 오만둥이 그리고 무를 납작하게 썰어 육수물을 부어놓고, 애호박도 썰어 냄비에 담는다.
4 중불에 내용물이 어느 정도 익었을 즈음 마지막에 쑥갓과 홍고추, 청고추를 넣어 완성한다.

# 아귀탕

### 생각해 보기

아귀는 저지방생선으로 다이어트에 좋으며, 단백질이 풍부하여 필수 아미노산 보충에 좋다. 또한 성장발육과 피부건강에도 탁월한 효능이 있다.

Recipe

삶은 국수를 찬 육수에 넣어 양념과 고명을 얹은
전통적인 한국 국수요리이다. 냉면은 과거 음식물이 귀한 겨울철에
구황작물인 감자와 메밀 등을 이용하여 만들어 먹은 데서 시작되었다.

### 재료 및 분량

**재료** | 아로니아냉면 1봉, 오이 30g, 배 30g, 달걀 1/2개

### 만드는 방법

1 냉면육수는 소 양지를 핏물제거한 후 삶아 놓는다.
2 고기육수를 만들어 간을 한 뒤, 동치미육수와 섞어 차게 식힌다.
3 냉면은 삶아 찬물에 식혀 물기를 빼고 육수에 넣어 고명을 올려 완성한다.

# 아로니아냉면

### 생각해 보기

아로니아의 높은 안토시아닌 성분 함유량으로 인해 항암효과가 뛰어나다. 당뇨병 예방, 체중 감량, 간손상 예방, 염증 완화, 눈의 피로해소 등의 효과뿐만 아니라, 콜레스테롤 수치를 낮춰 심혈관계 질환과 뇌졸중 예방에도 좋다.

Recipe

쑥을 넣어 만든 소고기완자를 장국에 넣어 끓인 국이다.
살짝 데쳐 곱게 다진 쑥과, 다진 소고기를 합하여 양념한 후
완자를 빚어 밀가루와 달걀물을 입혀 펄펄 끓는 소고기육수에 넣어 끓인다.

### 재료 및 분량

재료 | 소고기 200g, 쑥 200g, 다시팩 1봉, 달걀 2알, 밀가루 20g, 간생강 10g, 후추 소량, 소금 소량, 설탕 소량

### 만드는 방법

1 소고기는 다져 준비하고, 쑥은 깨끗이 씻어 잘게 다진다.
2 소고기와 쑥, 달걀을 넣고 소금을 넣어 동그랗게 먹기 좋은 크기로 반죽한다.
3 육수를 냄비에 붓고 끓이다가, 소고기완자를 넣어 한소끔 더 끓인 뒤 쑥을 넣어 끓인 후 그릇에 담아 완성한다.

# 애탕

### 생각해 보기

쑥은 피가 맑아지고 고혈압과 동맥경화 예방, 면역기능과 해독작용, 간기능 개선과 노화방지, 각종 부인병에 효과적이다. 또한 위장과 장이 튼튼해지는 효능이 있다.

Recipe

애호박젓국찌개는 애호박과 소고기를 한데 섞어
새우젓국을 넣고 간을 맞춘 맑은 찌개이다. 주로 여름철에 즐겨 먹는데,
호박은 오래 전부터 우리 조상들이 즐기던 식품이다.

## 재료 및 분량

**재료** | 애호박 1개, 새우젓 50g, 양파 20g, 대파 15g, 간마늘 10g, 들기름 소량

## 만드는 방법

1 애호박을 준비하여 도톰하게 반달 모양으로 썰어 냄비에 담는다.
2 준비된 애호박 위에 새우젓, 양파 썬 것, 대파, 간마늘을 넣고 들기름을 넣어 자작하게 국물이 생길 정도로 볶는다.
3 볶으면 물을 붓지 않아도 야채에서 물이 빠져 국물이 생긴다.

# 애호박젓국

### 생각해 보기

호박의 베타카로틴은 불포화지방산의 산화와 산화된 지단백질이 혈전을 만드는 것을 막아, 관상동맥 질환을 예방하고 심근경색의 위험을 낮춘다. 특히 호박의 베타카로틴은 지방에 잘 녹기 때문에 가열을 해도 영양소가 파괴되지 않는다.

Recipe

여러 개의 근육이 모여 있고, 근육막 사이에 지방이 적당히 박혀 있어
풍미가 좋다. 안쪽에 발골 자국이 선명하고 두꺼운 힘줄이
여러 갈래로 갈라져 표면에 나타나 있다.

## 재료 및 분량

재료 | 돼지목심 300g, 대파 2대, 간생강 20g, 간마늘 40g, 설탕 10g, 물엿 10g, 맛술 10g, 후추 소량

## 만드는 방법

1 준비한 돼지목심에 칼집을 내고, 적당한 크기로 잘라 양념에 재워 숙성시킨다.
2 파를 채 썰어 무순과 함께 참기름, 고춧가루를 조금 넣고 버무린다.
3 달군 팬에 돼지목심을 구워 접시에 담고, 파채를 올려 완성한다.

# 양념목살구이

### 생각해 보기

적육 속에 지방이 굵은 망상으로 적당히 박혀 있으며, 적육과 지방 사이에 섬유질이 있다. 또한 등심쪽에 납작한 오도독뼈가 있고, 살결은 약간 거칠고 단단하지만 삼겹살보다는 맛이 진하고 가장 돈육다운 육질 부위이다.

어복쟁반은 놋쟁반에 갖가지 고기편육과 채소류를 푸짐하게 담고,
둥글게 모여 앉아 육수를 부어가며 먹는 추위를 이기게 하는 일종의 전골이자
온면이다. 의리 있고 인정 많은 평안도 사람들의 기질이 잘 표현된다.

## 재료 및 분량

**재료** | 소고기(양지머리) 300g, 유통 300g, 지라 300g, 우설 300g, 느타리 400g, 대파 3대, 배 1/2개, 은행 5알, 쑥갓 소량, 생강 20g, 간마늘 30g 후추 소량, 청주 소량, 육수 200㎖, 메밀국수 80g

**양념간장** | 고추기름 70㎖, 간장 40㎖, 간마늘 30g, 간마늘 15g, 통깨 소량, 후추 소량

## 만드는 방법

1 소고기와 우설 등 고기는 푹 삶아 편육으로 썬다.
2 느타리도 길게 찢고, 은행은 파랗게 볶는다.
3 메밀국수는 삶아 찬물에 헹궈놓고 대파, 배 등도 채 썰어 준비한다.
4 넓적한 그릇에 편육과 느타리 등 재료를 보기 좋게 담고, 국수도 가운데에 얹고 위에 달걀을 모양내어 올린다.
5 양념간장을 곁들여 완성한다.

# 어복쟁반

### 생각해 보기

어복쟁반의 '어복'은 소의 뱃살인 '우복'을 뜻하며, 중간에 뜨거운 육수를 보충해 가며 끓여 먹는다.

Recipe

연어는 서양인이 더 좋아하며, 특히 독일, 네덜란드 등 라인강 주변국 사람들은 연어를 최고의 미식으로 꼽는다. 우리나라에도 연어 애호가가 급증하고 있으며 소화흡수가 잘 되므로 어린이나 노약자, 환자 등에 좋다.

## 재료 및 분량

재료 | 연어 400g, 간장 1,000mℓ, 청양고추 200g, 정종 200mℓ, 생강 150g, 물엿 250mℓ, 무 1/2개, 대파 3개, 마늘 200g, 물 2,500mℓ

## 만드는 방법

1 연어는 깨끗이 손질하여 준비한다.
2 물과 고추, 생강 등 위의 재료를 넣고 간장과 함께 끓여 연어에 부어 놓는다.
3 끓인 간장에 담근 지 3~4시간이 지난 후에 낸다.

# 연어장

### 생각해 보기

연어에 함유되어 있는 주요 영양소는 단백질과 지방, 단백질 흡수를 돕는 비타민$B_2$, $B_6$가 많이 들어 있다. 연어의 지방에는 동맥경화나 혈전을 예방하는 EPA와 뇌의 활동을 좋게 하는 DHA가 함유되어 있다.

Recipe

돌솥에 멥쌀과 잡곡, 수삼, 표고버섯, 대추 등을 넣어 지은 밥이다. 밥을 다 먹은 뒤에는 물을 부어 숭늉을 만들어 먹는다. 쌀뿐만 아니라 잡곡류, 두류, 견과류, 채소류, 어패류, 수조육류 등을 혼합하여 다양한 밥을 짓기도 한다.

### 재료 및 분량

**재료** | 쌀 300g, 밤 30g, 수삼 10g, 검은콩 20g, 완두콩 20g, 대추 10g, 은행 5알, 표고버섯 10g, 새송이버섯 10g

**부재료** | 전복, 조갯살, 소라, 깐새우살, 당근, 죽순

**양념장** | 간장 400㎖, 다진청양고추 50g, 매실청 50㎖, 다진파 50g, 간마늘 30g, 고춧가루 30g, 참기름 50㎖, 통깨 30g

### 만드는 방법

1 쌀은 불려놓고, 콩도 물에 불린다.
2 작은 돌솥에 쌀과 콩, 기타 부재료 등을 깍두기모양이나 채 썰기 등을 하여 밥을 짓는다.
3 다양한 재료 등은 선별 기호에 맞게 사용할 수 있다.
4 완성되면 상에 낸다.

# 영양돌솥밥

### 생각해 보기

집에서 만들면 밥물이 끓어 넘쳐 조절하기 힘들다. 처음 끓을 때까지 뚜껑을 열어두었다가, 물이 조금 남았을 때 뚜껑을 덮고 천천히 뜸을 들이면 눌은밥과 윤기 나는 밥을 만들 수 있다.

Recipe

고춧가루를 푼 물에 나박썰기 한 무를 넣고 끓이다가 오징어, 쪽파, 다진마늘을 넣고 한소끔 끓여 소금으로 간을 한다. 자극적이지 않고 개운하며 맑게 먹는 국으로, 쫄깃한 식감과 부드러운 무가 어우러져 다른 요리와 잘 어울린다.

### 재료 및 분량

**재료** | 오징어 1마리, 무 1/3개, 대파 1개, 간마늘 10g, 고춧가루 2t, 새우젓국물 1t

### 만드는 방법

1 오징어를 깨끗이 씻어 동그란 원형으로 썰어 놓는다.
2 무는 먹기 좋게 나박 썰기로 썰고, 대파는 어슷 썰어 준비한다.
3 냄비에 육수물을 조금 넣고 오징어와 무를 넣어 볶다가, 물을 더 붓고 끓인다.
4 마지막으로 대파를 넣어 한소끔 더 끓여 완성한다.

# 오징어무국

### 생각해 보기

오징어는 타우린함량이 다른 어패류에 비해 많고, 단백질이 수산물 중 가장 높으며 겨울이 제철이다. 이 오징어는 회, 구이, 무침, 탕 등 다양하게 조리되는 대중적 수산물이다.

Recipe

껍질 벗긴 오징어를 데쳐 식힌 다음 채 썰어 쌈장이나 초고추장을 곁들인다. 싱싱한 오징어는 생으로 먹는 것이 더 맛이 좋으며, 여름에는 오징어를 데쳐 마늘대와 파를 곁들이고 초장, 된장, 고추장 등에 찍어 먹는다.

## 재료 및 분량

재료 | 오징어몸통 1마리, 깐쪽파 5개, 초장 소량

## 만드는 방법

1 오징어는 끓는물에 데쳐 먹기 좋은 크기로 썬다.
2 쪽파도 끓는물에 데쳐 준비한다.
3 오징어에 데친 쪽파를 말아, 접시에 담아 초장을 곁들여 완성한다.

# 오징어쪽파강회

### 생각해 보기

쪽파는 대파보다 연하고 부드러워 여러 음식의 향신채소로 활용되고 있으며, 김치를 담가먹거나 쌈으로 사용된다. 또한 비타민A를 풍부하게 함유하고 있어 감기를 비롯한 각종 질병으로부터 면역력을 키워 준다.

Recipe

대하의 글리신 성분은 콜레스테롤 수치를 낮춰주어 성인병 예방에 좋다. 비타민B, C, E가 들어있어 피부미용과 피로해소, 면역력 강화 등의 효과가 있고, 칼슘과 칼륨이 다량으로 함유되어 어린이는 물론 골다공증에도 좋다.

### 재료 및 분량

**재료** | 대하 5마리, 쑥 200g, 튀김가루 100g, 빵가루 100g, 전분 50g, 튀김기름 100㎖, 달걀물 30㎖

### 만드는 방법

1 대하에 준비한 전분을 묻혀 달걀물을 바르고, 빵가루를 입혀 튀긴다.
2 쑥은 깨끗이 씻어 물기를 뺀 후 튀김가루에 바삭하게 튀긴다.
3 접시에 왕새우와 쑥 튀긴 것을 담아 완성한다.

# 왕새우쑥튀김

### 생각해 보기

새우는 고단백, 저지방식품으로 다이어트에 좋고, 건강기능성 식품인 키토산은 지방의 침착을 방지하고 몸 밖으로 불순물의 배출을 촉진시켜 혈액 내 콜레스테롤 수치를 낮춘다.

Recipe

육개장은 단맛이 도는 소의 양지머리 부위로 파와 나물을 듬뿍 넣고
맵게 끓인 칼칼하고 얼큰한 맛으로, 삼복시식 중 하나이다.
음식 이름은 개장국의 '개장'에, 소고기를 뜻하는 '고기육'자가 붙은 것이다.

## 재료 및 분량

**재료** | 소고기양지 200g, 고사리 50g, 숙주 30g, 무 1/2개, 대파 3개, 양파 2개, 간마늘 20g, 국간장 3t, 소금 소량

## 만드는 방법

1 양지는 핏물을 제거한 후 육수를 부어 무, 대파, 다시마와 함께 끓여 육수물을 만든다.
2 육수에 담긴 고기가 어느 정도 무르면, 식혀서 먹기 좋은 크기로 자른다.
3 자른 고기와 손질한 고사리를 대파와 섞어 고춧가루에 조물조물 무친다.
4 육수물을 체에 밭쳐 냄비에 초벌로 끓인 후, 무쳐놓은 고사리와 대파를 넣고 다시 끓인 후 탕그릇에 담아 완성한다.

# 육개장

### 생각해 보기

복중음식은 반찬 없이 한 그릇에 영양이 듬뿍 들어가 있어야 하고, 식중독 염려가 없으며 입맛이 당겨야 한다. 육개장은 이 조건을 만족시키는 음식이다.

Recipe

고단백, 저지방식품으로 체내에서 잘 흡수되어 회복기환자나 노약자를 위한 건강식으로 쓰인다. 전복에 들어있는 타우린, 아르기닌, 메티오닌, 시스테인 등의 아미노산은 오돌오돌하게 씹히는 촉감으로 맛을 내는데 중요하다.

### 재료 및 분량

**재료** | 전복 5개, 마늘쫑 2개
**소스** | 간장 2t, 물엿 2t, 간생강즙 1t, 간마늘 1t, 맛술 1t

### 만드는 방법

1 전복은 깨끗이 내장을 제거하고 손질한다.
2 간장과 다른 재료들을 섞어 소스를 만든다.
3 준비된 전복과 마늘쫑을 먹기 좋은 크기로 잘라 놓는다.
4 냄비에 담고 준비한 소스를 얹어 중불에 졸여 접시에 담아 완성한다.

# 전복간장조림

### 생각해 보기

대표적인 보양식으로 중국에서는 상어지느러미, 해삼과 함께 바다의 3보라 한다. 저지방 고단백으로 비타민과 미네랄이 풍부하여 기력회복에 도움을 주고, 타우린함량이 많아 콜레스테롤함량을 낮추고 간을 보호한다.

Recipe

깨끗이 손질하여 불린 고사리(또는 생고사리)를 국간장, 간장, 고춧가루, 다진마늘, 어슷하게 썬 대파로 만든 양념장에 무친다. 냄비에 양념한 고사리, 조기 순으로 담고 남은 양념장을 넣고 물을 부어 찐 조림이다.

### 재료 및 분량

재료 | 조기 3마리, 고사리 100g, 대파 15g, 간마늘 10g, 간생강 5g, 간장 10㎖, 고춧가루 12g, 양파 15g, 무 35g

### 만드는 방법

1 조기는 손질하여 준비하고, 고사리도 한 번 데쳐 준비한다.
2 냄비에 무를 납작하게 썰어 깔고, 고사리를 깔은 후 맨 위에 조기를 얹는다.
3 간장과 고춧가루를 넣고 양념장을 만들어, 조기 위에 뿌린 후 중불에 자작하게 졸여 완성한다.

# 조기고사리조림

### 생각해 보기

'산에서 나는 소고기'라 불릴 만큼 풍부한 영양소를 함유한 고사리는, 대표적 산나물로 봄철에 꺾어 데친 후 말려서 사계절 내내 요긴하게 사용된다.

Recipe

조기는 양질의 단백질을 가지고 있으면서도 지방이 적어 체중조절 시 도움이 되는 흰살생선이다. 또한 비타민이 풍부하여 야맹증과 피로회복에 좋고, 칼슘이 있어 성장기 어린이와 회복기환자에게 좋다.

### 재료 및 분량

**재료** | 조기 5마리, 천일염 70g, 후추 10g, 맛술 100㎖

### 만드는 방법

1 조기는 물에 씻어 비늘을 제거한다.
2 소금, 후추, 맛술로 밑간을 준비한다.
3 팬을 달궈놓고, 조기는 밀가루에 묻혀 준비한다.
4 달군 팬에 바삭하고 노릇하게 구워 완성한다.

# 조기구이

### 생각해 보기

손질한 조기에 칼집을 내고 양념을 발라 굽는다. 농어목 민어과에 속하는 바닷물고기로 정식 명칭은 참조기이다. 서해와 남해에 주로 서식하며, 여름이 제철로 구이나 찜, 조림, 국 등의 다양한 방법으로 사용된다.

주꾸미는 저칼로리로 필수아미노산이 풍부하며 다이어트뿐만 아니라 DNA 등의 불포화지방산을 다량으로 함유한다. 혈중 콜레스테롤 수치 감소 효과가 있고 타우린이 다량으로 함유되어 있어 피로회복에 좋다.

### 재료 및 분량

재료 | 주꾸미 1팩, 숙주 300g

소스 | 고추장 3t, 고춧가루 2t, 간장 1t, 물엿 2t, 간생강 1t, 간마늘 1t, 후추 소량

### 만드는 방법

1 주꾸미를 손질하여 끓는물에 데친다.
2 숙주도 깨끗이 씻어 놓는다.
3 팬을 달구어 숙주를 넣고 센불에서 볶는다.
4 달군 팬에 주꾸미를 넣고 센불에서 볶다가, 준비된 양념장을 넣고 다시 볶는다.
5 볶은 숙주는 접시에 깔고, 그 위에 볶은 주꾸미를 얹은 후 통깨를 뿌려 완성한다.

# 주꾸미숙주볶음

### 생각해 보기

숙주를 데칠 때 뚜껑을 열면 비린내가 나므로 주의하고, 뿌리가 단단하고 수분기가 있으며 잔뿌리가 없는 것이 좋다. 푸른 싹이 난 것은 생육기간에 햇빛을 받았거나 웃자란 것으로 좋지 않다.

Recipe

봄에 처음 올라오는 부추가 연하고 맛이 좋다. 부추는 약간의 매운맛과 신맛을 가지며, 우리 몸의 양기를 돋우는 따뜻한 성질이 있다. 각종 무기질과 비타민을 풍부하게 함유하고, 노화를 방지하며 각종 성인병을 예방한다.

### 재료 및 분량

**재료** | 차돌 200g, 부추 100g, 고춧가루 20g, 참기름 10㎖, 통깨 3g, 소금 소량

### 만드는 방법

1 차돌을 끓는물에 데쳐 차갑게 식힌다.
2 부추는 깨끗이 씻어 먹기 좋은 크기로 썰어 소금, 통깨, 고춧가루, 참기름을 넣어 무친다.
3 접시에 차돌을 보기 좋게 놓고, 그 위에 무친 부추를 얹어 완성한다.

# 차돌박이부추무침

### 생각해 보기

부추의 정유 성분인 알리신이 비타민B군의 흡수율을 높여 피로회복의 효과를 가진다.

Recipe

콩을 삶아서 볏짚이나 멍석으로 싸 따뜻한 방에서 숙성, 발효시켜 소금을 첨가하고 조미하여 만든다. 청국장은 담근 지 2~3일이면 먹을 수 있는 것이 큰 장점이며, 콩을 통째로 발효시켜 먹으므로 영양 손실이 적다.

## 재료 및 분량

**재료** | 시판청국장 80g, 김치 120g, 무 40g, 호박 40g, 대파 30g, 두부 1/2모
**육수** | 다시팩 1봉, 다시마 1장

## 만드는 방법

1 다시팩으로 사용육수를 만든다.
2 김치를 먹기 좋게 썬다.
3 무는 나박썰기로 썬다.
4 애호박은 모양 결대로 썬다.
5 김치와 함께 야채를 불에 볶다가, 육수를 붓고 끓인다.
6 청국장을 넣어 끓여 어느 정도 끓으면 두부를 넣어 완성한다.

# 청국장

### 생각해 보기

청국장은 영양분이 많고 소화가 매우 잘된다.

취나물은 알싸한 특유의 향과 맛으로 식욕을 돋우고, 각종 비타민과 무기질이 풍부하다. 특히 비타민A 함량이 높으며, 체내의 노폐물을 배출하고 콜레스테롤 수치를 낮추며 항산화작용을 통한 암 예방과 피부노화 방지에 좋다.

## 재료 및 분량

재료 | 취 300g, 쪽파 2뿌리, 간마늘 40g, 간장 30㎖, 통깨 10g, 들기름 20㎖

## 만드는 방법

1 취는 깨끗이 손질하여 끓는물에 데쳐 물기를 빼서 식힌다.
2 쪽파는 잘게 썰고 데쳐낸 취를 볼에 담아 간장양념에 재운다.
3 들기름에 조물조물 무쳐 달군 팬에 살짝 볶아 접시에 담아 완성한다.

# 취나물무침

### 생각해 보기

취나물은 열량이 낮아 다이어트에 효과적이고, 칼륨의 함량이 대단히 많은 알칼리성으로 체내의 염분을 몸 밖으로 배출시킨다.

Recipe

명태(생태)를 잡아 턱밑에 구멍을 내어 겨울철 찬바람에 꾸덕꾸덕 반건조한 것을 '코다리'라 부른다. 코다리는 완전히 말린 북어보다 촉촉하며, 부드러운 식감을 가지고 있기 때문에 반찬으로 인기가 좋다.

### 재료 및 분량

**재료** | 코다리 3마리, 전분 100g, 튀김기름 200㎖

**소스** | 고춧가루 300g, 간장 100㎖, 대파찹 2대, 양파찹 1개, 물엿 200㎖, 배(간것) 1개, 간마늘 30g, 물엿 30g, 후추 소량

### 만드는 방법

1 코다리는 뼈를 제거하여 살만 발라 놓는다.
2 코다리는 물기를 빼서 전분을 묻혀 기름에 튀긴다.
3 소스는 물 500㎖에 위 재료를 섞어 소스를 만든다.
4 튀겨낸 코다리를 소스에 바짝 졸여 접시에 담아 완성한다.

# 코다리구이

### 생각해 보기

코다리는 지방이 적고 열량이 낮다. 지방함량이 적어 맛이 개운하며 메티오닌과 같은 아미노산이 풍부하여 간 보호에 효과적이다.

불린 쌀을 곱게 갈아 체에 밭쳐 끓이다가, 죽이 퍼질 때쯤 우유를 조금씩 넣어 멍울이 지지 않게 풀어준 후 소금, 설탕으로 간을 한다. '타락'이란, 우유를 가리키는 옛말이며, 쌀을 갈아서 물 대신 우유를 반 분량 넣어 끓인다.

## 재료 및 분량

**재료** | 흰우유 500㎖, 찹쌀가루 200g, 소금 소량

## 만드는 방법

1 냄비에 흰우유를 넣어 약불에서 저어주다가, 찹쌀가루를 넣어 엉기지 않고 잘 풀어지게 끓인다.

2 어느 정도 끓인 후 소금간을 한 후 그릇에 담아, 물김치와 함께 완성한다.

# 타락죽

### 생각해 보기

타락죽은 쌀을 곱게 갈아 체에 밭쳐 물을 붓고 된죽을 쑤다가, 우유를 넣고 몽우리 없이 풀어 훌훌하게 하여 따끈할 정도로 데운다. 식성에 따라 소금이나 꿀을 곁들인다.

Recipe

삶은 돼지고기를 얇게 썰어 매콤하게 무친 무와 함께 절인배추에 싸먹는다. 돼지고기를 '제육'이라 하여 제육보쌈이라고도 부른다. 또한 돼지고기는 수은이나 납 등 공해물질을 몸 밖으로 배출시키는 해독작용이 뛰어나다.

## 재료 및 분량

**재료** | 삼겹살(한덩이) 500g, 튀김기름 200㎖, 밀가루 70g, 무쌈 50g, 갓피클 40g, 파채 30g
**한방약재육수** | 당귀 200g, 오가피 50g, 엄나무(우린물) 50g, 간장 100㎖, 청주 70㎖, 갱엿 50g

## 만드는 방법

1 삼겹살을 흐르는 물에 핏물을 제거한다.
2 삼겹살을 물에 50분 정도 삶아 식힌다.
3 밀가루를 입혀 기름에 바삭하게 튀긴다.
4 준비한 약재물에 간장, 청주, 갱엿을 넣고 끓인다.
5 위의 소스에 튀겨낸 삼겹살을 넣고 윤기 나게 졸인다.
6 도톰하게 편으로 썰어 그릇에 담는다.
7 갓김치나 무쌈, 파채를 곁들여 완성한다.

# 한방제육보쌈

### 생각해 보기

돼지고기에는 비타민B군이 소고기보다 매우 많이 들어있고, 양질의 단백질과 영양소가 높아 피부를 윤택하게 한다. 돼지고기에 많이 들어있는 철분은 체내 흡수율이 높아 철분 결핍성 빈혈을 예방한다.

Recipe

구수한 누룽지에 중국식 해물소스를 넣어 만든다.
누룽지탕에 들어가는 채소와 해물은 집에 있는 재료를 다양하게 이용하고,
누룽지는 미리 만들어두었다가 먹을 때 튀겨서 사용하면 편리하다.

## 재료 및 분량

재료 | 오징어 1/2마리, 새우 5마리, 홍합 5개, 주꾸미 3마리, 모시조개 5알, 누룽지 2개, 청경채 1개, 배추 30g, 양파 20g, 버섯 20g, 소금 10g, 새우가루 20g, 굴소스 소량

## 만드는 방법

1 해물은 각각 재료를 손질하여 데친다.
2 야채도 먹기 좋은 크기로 썰어 준비한다.
3 누룽지도 튀겨서 준비한다.
4 달군 팬에 기름을 두르고 해물을 볶는다.
5 육수를 넣고 소금과 굴소스로 간을 한 뒤, 야채를 얹어 한소끔 끓인다.
6 누룽지를 얹어 완성한다.

# 해물누룽지탕

### 생각해 보기

누룽지는 찹쌀로 준비하며, 집에서 만들어 놓았던 누룽지를 이용해도 좋다. 중국음식에 많이 사용되는 물녹말은 녹말가루와 물을 1:1 비율로 맞춰 풀어주어야 걸쭉한 농도가 된다.

Recipe

해산물로 우려낸 육수에 감자와 호박, 밀가루를 반죽하여 끓인다.
여름에 쌀과 보리가 떨어지면, 미역국을 펄펄 끓여 부드럽고 질게 반죽한
밀가루나 메밀가루를 수저로 떠 넣어 익힌 해물수제비는 여름철 별미로 즐겼다.

### 재료 및 분량

**재료** | 오징어 1마리, 홍합 100g, 백합 100g, 왕새우 4마리, 애호박 1/2개, 쑥갓 50g, 대파 2개, 양파 1/2개, 해물다시팩 1봉, 밀가루 200g, 무 1/2개

**소스** | 고춧가루 100g, 간마늘 20g, 국간장 3t, 생강즙 2t

### 만드는 방법

1 다시팩을 사용하여 육수물을 준비한다.
2 오징어와 홍합 등 해산물을 깨끗이 씻어 준비한다.
3 야채도 알맞은 크기로 잘라 준비한다.
4 밀가루는 수제비를 뜰 용도로 준비한다.
5 냄비에 무를 깔고, 애호박과 양파를 밑에 깐 후 해산물도 위에 올려 육수를 부어 중불에 끓인다. 그리고 반죽한 수제비를 넣어 함께 한소끔 더 끓이다가, 마지막에 쑥갓을 올려 완성한다.

# 해물손수제비탕

**생각해 보기**

늦더위가 물러가는 칠석날에는 반드시 밀전병과 밀국수를 먹었다. 여름철에 칠석이 지나면 날씨가 선선해져 밀가루음식이 맛이 없다.

Recipe

오리는 알칼리성으로 많이 섭취하면 대사조절 기능이 높아져 몸 안에 쌓인 독을 풀어준다. 칼슘, 인, 철, 칼륨 등의 미네랄과 양질의 단백질 공급원으로 콜레스테롤을 억제하고 체내의 산소공급과 혈액순환을 원활하게 한다.

### 재료 및 분량

재료 | 훈제오리 1/2마리, 호두 200g, 간장 70㎖, 물엿 70g, 영양부추 100g, 파채 100g, 고춧가루 50g, 검은깨 10g

### 만드는 방법

1 훈제오리는 얇게 포를 뜬다.
2 호두는 간장과 물엿에 졸인다.
3 준비된 오리에 호두를 넣고 말아 가지런히 한다.
4 파채와 영양부추를 길이대로 썰어 준비한다.
5 참기름과 고춧가루를 살짝 넣어 검은깨와 버무려 보기 좋게 담아 완성한다.

# 호두오리보쌈말이

### 생각해 보기

호두에는 불포화지방산이 풍부하며 두뇌건강과 피부에 좋다. 칼로리가 높아 많이 섭취하면 다이어트에 좋지 않다.

Recipe

타우린과 아미노산이 많아 피로회복에 도움을 주고, 칼슘과 철분이 많아 뼈 건강에 좋다. 단백질이 우수하고 지방함량이 적어 비만을 방지하며 당뇨병 환자에게도 좋다. 우럭의 간에는 비타민$B_{12}$가 풍부하여 빈혈에도 좋다.

### 재료 및 분량

**재료** | 황우럭 1마리, 튀김기름 200㎖, 전분 40g

**소스** | 사과 3개, 당근 1개, 대파 1대, 양파 40g, 건고추 5개, 간장 100㎖, 물엿 100㎖

### 만드는 방법

1 황우럭 내장을 제거하여 비늘을 벗기고 흐르는 물에 세척한다.
2 황우럭을 칼집 내어 전분을 묻혀 기름에 튀긴다.
3 소스는 당근 등 야채를 뭉근하게 끓이고 조려 500㎖ 정도 나올 수 있는 양을 준비한다.
4 준비된 소스에 간장 100㎖, 물엿 100㎖를 넣고 더 졸인다.
5 졸인 소스에 튀겨낸 우럭을 뒹굴려 야채와 함께 졸여 접시에 담아 완성한다.

## 황우럭탕수

### 생각해 보기

우럭은 지방과 단백질이 풍부하며, 간기능 향상과 피로회복에 좋다.

소금에 절인 오리를 참나무장작불에 구워 먹는다.
보양식으로 알려지면서 관심이 높아졌다. 이 훈제하는 방식은
특유의 노린내와 균일한 맛을 보장하며 보관기간을 늘려준다.

## 재료 및 분량

재료 | 훈제오리 1/2마리, 부추 30g, 숙주 20g, 간마늘 10g, 식용유 소량

## 만드는 방법

1 훈제오리를 썰어 준비하고, 부추와 숙주도 손질하여 준비한다.
2 달군 팬에 준비된 재료와 숙주를 넣고 볶는다.
3 어느 정도 볶은 후 훈제오리를 넣고, 마지막으로 마늘과 부추를 넣어 더 볶은 후 완성한다.

# 훈제오리부추볶음

### 생각해 보기

오리는 콜라겐 성분이 있어 피부미용과 노화방지에 효과적이다. 또한 단백질이 풍부하고 지방함량이 적어 체중조절 시 도움이 된다.

# 참고문헌


[단행본]

노정미(2017). 한국음식, 창지사.

농수산물유통공사(2010). 맛있고 재미있는 한식이야기, aT한식세계화팀.

윤숙자 외(2009). 한국전통음식, 지구문화사.

______ 외(2014). 규합총서, 백산출판사.

______ 외(2014). 팔도명가 내림음식, 백산출판사.

______ 외(2018). 한국음식 기초조리, 지구문화사.

윤혜신 외(2016). 한식으로 양식을, 영진미디어.

한국전통음식연구소(2007). 아름다운 한국음식 100선, 한림출판사.

황혜성(1995). 황혜성의 궁중음식, 궁중음식연구원.

[논문 및 월간지]

김재연(2018). 트렌드에 딱 맞는 떡, 「외식경영」, 통권163호, pp.152-153.

박문영(2019). 프랑스 파리의 한식당들, 「외식경영」, 통권169호, p.113.

송경숙(2015). 방한외국인의 한식세계화 전략요인이 고객만족과 애호도에 미치는 영향, 「한국관광레저학회」, 99(27), pp.471-490.

[웹사이트]

https://youtu.be/sYvODg7Ylfs

https://youtu.be/PiGj4TqFUXE

https://youtu.be/t3WLY00kf5Y

# 저자약력

**이우철**

대한민국 조리기능장

한식, 양식, 중식, 일식, 복어 조리기능사 자격취득

조주기능사 자격취득

한식조리 산업기사 자격취득

복어조리 산업기사 자격취득

한국산업인력공단 조리기능장 심사위원

(사) 한국조리사협회 중앙회 부회장

WACS 세계조리사연맹 서울국제영셰프요리경연대회 조직위원

2015. '한식대첩' 3우승

2007. 설날특집 '요리왕중왕' 스타셰프상 수상

2007. 서울국제요리대회 전통한식부문 금상

2017. 충남 금산 세계인삼엑스포전국요리대회 특별상

2019. 충남 전국요리대회 수산물이용부문 해양수산부장관상